사막의 생존자

김선태

상상

상처 없는 영혼이 어디 있으랴?
고통 없이 피는 꽃도 없으니 인생의 질고를 겪으며 가슴 속에 맺힌 씨앗을
문자로 터트린 것이 시가 아닐까요?

그래서 시는 살아온 인생을 표현하기도 하지만 치유의 도구도 되는 것 같습니다.
시가 즐겨 읽혀지지 않는 삭막한 이 시대에 우리의 마음을 잘 표현한 시가
살아나고 또 함께 감상하는 따뜻한 세상이 되었으면 좋겠습니다.

또한 사막이라는 지구의 바닥 저 깊은 곳에서 고통 속에 인생의 바닥을 확인하고
기갈 한 환경에서 말라 비틀어진 들풀들과 수목들 갈길 못 찾아 헤매는
벌레들의 방황을 보면서 인생의 바닥을 굳건하게 다지고 다시 일어서서
일상으로 돌아와 지난날들을 정리하고 앞으로의 삶을 계획해보며
그동안 짊어지고 온 짐들을 시로 내려놓아 보았습니다.
이 시집을 읽고 인생의 바닥을 경험한 분들에게 다시 일어설 수 있는
동기가 되기를 소망하고 무거웠던 짐을 내려놓고 동시대를 같이 살아가는 동지들
특히, 한국 경제의 부흥을 이끈 건설의 역군들이 열사의 사막에서
피땀 흘려 일했고 부모님을 봉양했습니다.

그리고 자녀들을 교육시키고 키워 온 베이비붐 세대들이 함께 험한 시절을
겪어 오면서 남은 상처를 치유하고 같이 동감하며 울고 웃으며 미래를 보람 있게
계획하고 오늘을 의미 있게 살아가는 자극제가 되기를 기대해봅니다.

2020년 7월 김선태

1부 | 자연 속으로

- 8 　시를 쓰고 싶다
- 9 　자연인
- 10 　산 속에서
- 11 　바람에 실려
- 12 　수목장
- 13 　청소

2부 | 사막의 생존자

- 15 　다시 사막으로
- 16 　바다와 사막
- 17 　내 마음속의 보물
- 18 　아름다운 이별
- 19 　사막과 나
- 20 　세월과 만남
- 21 　아빠의 가을 부제(사우디 현장의 일몰)
- 22 　PM의 노래
- 24 　리더의 기본(해외프로젝트 수행의 교훈)

3부 | 가족은 나의 소망과 힘

- 26 　아버지
- 27 　나의 정체
- 28 　아버지의 눈물
- 29 　어머니의 일대기
- 30 　어머니
- 31 　말기 암
- 32 　나의 어머니
- 33 　어머니 전상서
- 34 　기도
- 35 　집
- 36 　귀향
- 37 　사랑이 거기에 있었네(배필)
- 38 　호박꽃
- 39 　짐과 언덕
- 40 　집
- 41 　임종

4부 | 살며 생각하며 다시 일어 나자

- 43 　안반데기
- 44 　이순 천명
- 45 　바람
- 46 　내려놓자
- 47 　내 자리
- 48 　나무와 시
- 49 　꼰대의 품격
- 50 　또 하나의 화살
- 51 　선택
- 52 　첫사랑

53 시선
54 환갑
55 힘들까요?
56 바램
57 솔밭 친구
58 외로움
59 해바라기
60 슬픔
61 공모자
62 욕심(1)
63 욕심(2)
64 집착
65 미련
66 비움
67 한계
68 동치미
69 숲
70 세곡동의 밤
71 단풍과 바다
72 객지
73 몸 생각
74 강대상 꽃꽂이
75 숲아
76 풀처럼

77 부추 꽃
78 산복도로
79 생각을 생각하다
80 베이비부머 친구들

5부 | 지난 날들을 돌아 보며
82 신 별곡
83 통일로
84 운악산
85 하동
86 작은 가슴
87 바다에게
88 태종대
89 다시 일어서자

6부 | 설중매 신인상 수상 작
91 사막이여 안녕
92 그리움
93 빈 손

7부 | 습작의 시대(40자구 핸드폰 문자 시)
95 ~ 102

1부. 자연 속으로

시를 쓰고 싶다

내 마음에 시의 냇물이 말랐다고
탓하고 있을 수만 없다.
침묵하는 시대 정신은 그렇다 하더라도.

남을 위한 시가 아닌 나의 시.
나를 직시하고 살리는 시를 쓰고 싶다.

삶과 죽음 짧은 언어 내 삶의 자취 그 무엇이든 어떠하랴.
나는 이 하루를 다시 살 수는 없지 않은가?
그래도 용케 살아가고 있고 또 그렇게 살 것이고.

그런 족적을 일기를 쓰는 것처럼
생명수 같은 시를 쓰고 싶다.

착한 삶의 시를 세상에 헌사 하고 싶다.

자연인

산 위로 푸른 하늘을 가로질러 가는 하얀 구름
그 아래 푸르른 숲을 흔들고 가는 시원한 바람
이곳 저곳에서 노래하는 산새 소리들

처마 의자에 기대어 바라보고 있노라면
아무 생각도 없이 그저
정화되고 있다는 생각이 든다

자유롭게 짹짹거리며 오가는 산 새들
추운 겨울 지나니 곳곳에서 푸른 순들이 자라나
초록의 신세계를 선사한다

산은 나를 중심으로
둘러막아 보호해 주고 있고
나는 그저 자연 속의 자연인이 되었다.

산 속에서

산속에 갇혀 산지가 벌써 몇 년인가
산속에서 보호감호를 받은 지가

세상과의 단절은 온갖 악한 바이러스와의 단절
온몸과 마음 바쳐서 살아보려고 몸부림치다가
받은 상처와의 결별을 통해 삶의 무게를 내려놓았다

몸부림을 치던 그 삶 속에서 쌓여진 상처는
썩어 문드러져 몸과 마음에 생채기를 내고

생각을 그 감옥 속에 가두어 헤어나지를 못하니
생지옥에서 사느니 차라리 나를 보호하는 산속에
이 청정자연 산속에 가두기로 하였다

시원한 바람을 맞으며 상처를 씻어내고
맑은 공기와 물을 마시며 또 정화를 하고
쏟아지는 별을 바라보며 새로운 탄생의 신비를 보았다

나는 옛 것들을 잊고 이 산속에서
참 좋은 새로운 삶을 살고 있는 것이다

바람에 실려

푸른 하늘은 한없이 높고
하얀 구름은 방향 없이 하늘하늘 흘러가고

깊은 산은 믿음직 스럽게 지키고 있고
푸르른 큰 소나무는 늘 바람을 맞이하며 설레이고

이 모두를 함께 누리고 있는 바람
이 바람에 실려

마음을 짓누르는 짐들을
날려 보내고 싶은 나의 바램

수목장

수년간 정성을 다해 가꾸고 다듬은 산속의 나의 집
아버지 구순 잔치로 어머니와 온 가족의 추억이 머문 곳

부모님을 여의고 소나무 아래에 수목장을 했으면 했는데
이제 떠나려고 하니 가슴이 아려서
아픈 가슴 오려내어 소나무 아래 묻고
이별의 인사를 하고 돌아서려는 발걸음이 무겁다

그래 정을 떼기가 힘이 들면 정을 떼어 수목장을 하고 가자
다시 올 날을 기대하며 가슴을 부여잡고
마음을 거기에 두고서 또 새로운 세상으로 나아가자

나의 인생의 정리와 앞날을 기대하며 살아온 산속의 집
이제 언제 다시 오려나 기약은 없지만
소나무 아래 수목장은 그대로 거기에 있겠지

바람이 불고 뿌리가 흔들려도 마음은 거기 그대로
수목장에서 나의 따뜻한 심장은 뛰고 있겠지

부모님과 정든 집과 이별
그 과정은 또 나를 아프게 하지만
바람아 전해다오 수목장 내 아픈 가슴의 소식을

청소

이제 나이 육십 대
청소가 필요한 나이
지금까지 지고 온 무거운 것들
하나하나 다 내려놓자

아쉬운 점 미련들도 다 짐일 뿐
가벼운 마음과 몸으로
본향을 향해 나아가자
이제는 다시 돌아갈 준비를 해야하는 때

그동안 짊어지고 온 무거운 짐 일랑
미련없이 내려놓고
가벼운 마음으로 남은 여정을 즐기며
꼭 하고 싶은 한 두가지 그것에 집중하자

그래서 주변을 깨끗이 청소하고
그 격렬했던 삶을 정리하여
어느 누구에게도 아쉬움과 미련 후회없이
깨끗하게 사라지자

2부. 사막의 생존자

다시 사막으로

그때 그 사막에서의 마지막 예배 때
눈물샘이 터지고 눈물 쏟으며
사막에서 인생의 바닥 체험의 은혜를 나누고
마지막 송별의 의식을 치르고 나서

이제 다 내려놓았고 다 버렸다고 생각했는데
다시 초심으로 돌아가 순수의 그 길을
걸을 수 있다고 생각했었는데

다시 맹수가 우글거리는 도시로 오니
지난 일들 아쉬웠던 순간들이 생각나
못다 한 꿈과 한, 그것에 대한 미련으로
마음은 다시 사막이 되고 바닥으로 내려앉아서
내일을 향해 다시 일어서서 나아간다.

미련과 지나버린 세월에 대한 아쉬움은
타버린 재를 거름으로 쓰는 것이나 다름없으니
가치 없는 한풀이와 미련의 가장자리에서 벗어나
남은 생애 진정한 자아를 되찾고 채워가는
나머지의 삶을 멋지게 살아 봐야겠다.

여전히 사막에서 이름 모를 풀들과 꽃들이 피어나고
메마름과 기갈을 양식으로 살아가는
동물들과 벌레들이 삶을 이어가는
사막은 바닥의 삶을 지금도 살아가고

사막 빈들 메마른 나무 앞에서 만난
하나님은 여전히 나를 바라보시고
지금도 강하고 담대하라 하시며
힘이 되어 주시기에

또 내가 현실의 사막에서 다시 일어나고

바다와 사막

바다는 나에게 꿈을 선사하였고
사막은 희망을 일깨워 주었다.
참! 둘은 옛날에는 하나였지
바다가 변하여 사막이 되었고

바다는 미지의 세계로 나를 이끌었고
사막은 바닥 끝에서 나를 일으켜 세웠다
바다를 건너 사막을 만나고
또 사막에서 바다로 향해 나아간다

때로 인생은 꿈의 세계로 나를 부르고
희망으로 가슴을 두근거리게 한다
그래! 바다와 사막은 원래 하나
인생을 알게 하고 나를 발견하게 하여

유영과 방랑을 통해 자라나게 한다

내 마음속의 보물

사막 저 너머엔 소망의 나라 있을까?
순례자처럼 찾았고 사막을 소묘 하는 바람처럼
메마르고 버려진 내 삶을 어루만져 보았다

소망의 샘
물 이라고는 찾기 어려운 신기루
허기를 먹고 사는 아지랑이처럼
뿌리와 깊이를 알 수 없는 풀들과
길 찾아 헤매는 벌레들과 동행

메마른 땅 모래 먼지 속에
가슴 깊이 채굴해 들어가니
긴 세월 속에서 숨 쉬고 있는
삶을 밝혀 줄
유전 같은 샘물 발견하였다

사람들과 소망이 없던 것이 아니라
세월의 흐름 속에 숙성되고
쉬지 않고 소용돌이 치고 있었다는 것을

빈 사막을 헤매이며 걸어온 삶
그 길을 뒤돌아보며 깨달았다.

아름다운 이별

이별은 언제나 아쉬운 것
언젠가는 있을 그것을 꿈꾸어 왔다면
아름다운 이별이 될 수도 있다

혼을 담아 온 정열을 다해 함께 일하다가
부대끼기도 하고
성취의 기쁨을 함께 누리기도 하다가
어느 순간 몸과 마음에 신호가 오면
그것을 소명이라 생각하고 받아들이라

늘 생각하고 가꾸어 온 일들이
이루어지리라는 믿음이 있는 친구들이 있고
그들의 꿈과 이상이 실현될 가능성이 있다면
그때와 그들을 인정하고
그 자리에서 내려놓고
미련 없이 나아가리라.

함께 가꾸어야 할 미래와
자랑스런 위임을 위하여

사막과 나

작은 만남에도 설레이던 나는
바람 따라 재미 삼아 밤낮 춤을 추었고

속으로는 성을 쌓아 변할 줄 몰라
많은 순례자들의 상념 거리가 되어
그들이 변하기를 모질게 기다렸다

그러나 신이 노하여 다시 나를 쓰시면
나의 성은 송두리째 무너 지리라

내가 다시 흙으로 빚어 사람이 되고

사우디 룹알할리 사막(전에 근무했던 건설현장)의 신께 거역하여
사라진 도시의 전설과 그 속에 숨은 유전의 보물을 생각하며,
수평적인 미동만으로는 사라질 수밖에 없는 나 자신을 수직적의
혁신적 변동으로 숨겨진 보물을 차지하는 변화가 필요함을 깨닫고자

세월과 만남

[먼 곳에서 큰 배가 오고 있다 웅장한 모습이 점점 느린 동작으로 다가온다
뱃고동 소리는 누구의 가슴을 두근거리게 하는가?]

육지는 분주한 것으로 더욱
세월을 가치 없게 하고 있지 않은가?

새로운 생명은
살아가고 있는 사람들의 모습을
생동감이 바랜 나의 모습을 또
세월 속으로 묻혀 버리게 하는 것인가?

세차게 세월을 역류하듯이
물살을 가르고 올라가는 은어와 같은
깨끗한 개울가에서의 삶은 빛난다.

황급히 12월을 향해 달려가지만
12월은 1월의 한 달 전이라는 사실이
살아있다는 것은
달리는 것만이 아니라는 것을
하루를 달려와 집에 오고 나서야 안다.

스치는 듯이 지나가는 시간이지만
꼭 말하고 있는 것은 보답하라는 웅변
그것이 나의 것이 아니고
주어지는 것이기에 더욱 가꾸어야 하는 삶.

세월은 망각과 동행하기에
아픈 사람에게는 약
세월은 쌓여서 성이 되기에
일구는 자에게는 힘
세월은 항상 진행되고 있기에
움직이는 이에게는 동반자가 된다.

그러나,
세월이 멈추어 진다고 해도 나는 가고 있다
만남을 위하여!

아빠의 가을 부제 (사우디 현장의 일몰)

이제는 마음이 동하면 목이 메이다가 가슴마저 쓰리어온다
정년기에 토지를 읽은 때문일까

우리의 한과 정을 헤집어 놓으니
정신적, 육체적 상처가 나면 쉬 아물지가 않고
누군들 그런 사연 없는 이 있을까?

현장에서 혼자만의 밤은 길고
괜스레 처, 자식들이 눈에 밟힌다

자식들이 자리를 잡을 때 가지 내 임무를 다 해야지
스스로 자위를 해보지만
나를 이렇게 내버려 두다니

책임감과 자존심 명예로운 은퇴
그게 그렇게 중요하니

자식 세대들의 원망도 귀에 들리고
우리 세대들의 이야기는 또 그렇고
아직도 성과 위주의 삶이 나를 이끌고
가치 위주의 삶은 언제 올려는 지?
해보고 싶은 것들은 미루어 두었는데

밤잠을 설치는 것은 생리적인가 심리적인가
방전되었는지 자다가 숨이 멎을 수도 있겠다는
생각이 들 때도 있고

어쩔 수 없이 자면서 중얼거린다
나는 즐겁다 행복하다 감사하다
그러고서 잠을 청해야 한다.

PM의 노래

나는 다시 태어나도 PM을 다시 하련다
꿈과 경영이 병풍처럼 펼쳐 지도다

PROJECT는 살아 숨 쉬는 유기체
PM은 PROJECT에 생기와 융성을 불어넣는다
PROJECT의 생명과 안전이 그대의 손에 있다

때때로 고통 속에서 인고의 열매가
폐허 속에 피어나는 꽃을 바라본다
꿈과 희망을 향하여 가슴을 열고
작은 곳에도 넓은 곳 들에도 흔들리지 않는다

누가 깊은 심연에 빠져 보았는가?
누가 최고의 산꼭대기에 올라가 보았는가?
그곳은 높고 낮은 곳만이 아니로다

옛길을 다시 걸으면 여유가
새로운 길에서는 교훈이
막힌 길에는 지혜가 숨어 있다

누구를 미지의 길에 보내겠는가?
그대는 준비가 되어 있는가?
그 길을 알고 기다리는 자가 예비되어 있는가?

나는 가련다 미지의 세계가 있는 곳에
새롭게 열린 세계와 MISSION이 기다린다

PM은 만들어지는 것 태어난 것이 아니로다
지식으로 등불을 밝히고 명철로 길을 개척하며
성실과 인내로 미지와 편견의 벽을 혁파한다

시작과 끝이 그대의 운명에 달려 있지 않듯이
성과와 만족도 그대만의 것이 아니로다
그리고 새로운 시작이 그대를 기다릴 때에는
두려움과 떨림 보다는
설레임과 질서로 출발을 하리라

때로는 정직하여 눈물만이 진실을 말해줄 때
말 없는 벽만이 유일하게 기댈 곳일지라도
잃지 말아야 할 것은 용기

그대는 절벽 위에 선 단독자
모든 것이 저 아래에 있도다

힘은 회사에 있고 그대 또한 회사니
하나가 된 곳에는 두려움이 없도다

그 터 위에서 그대는 비상할 수 있는 것이다

2004년 대한민국이 산유국의 꿈을 이룬 동해-1 가스전 PM임무를 마치고

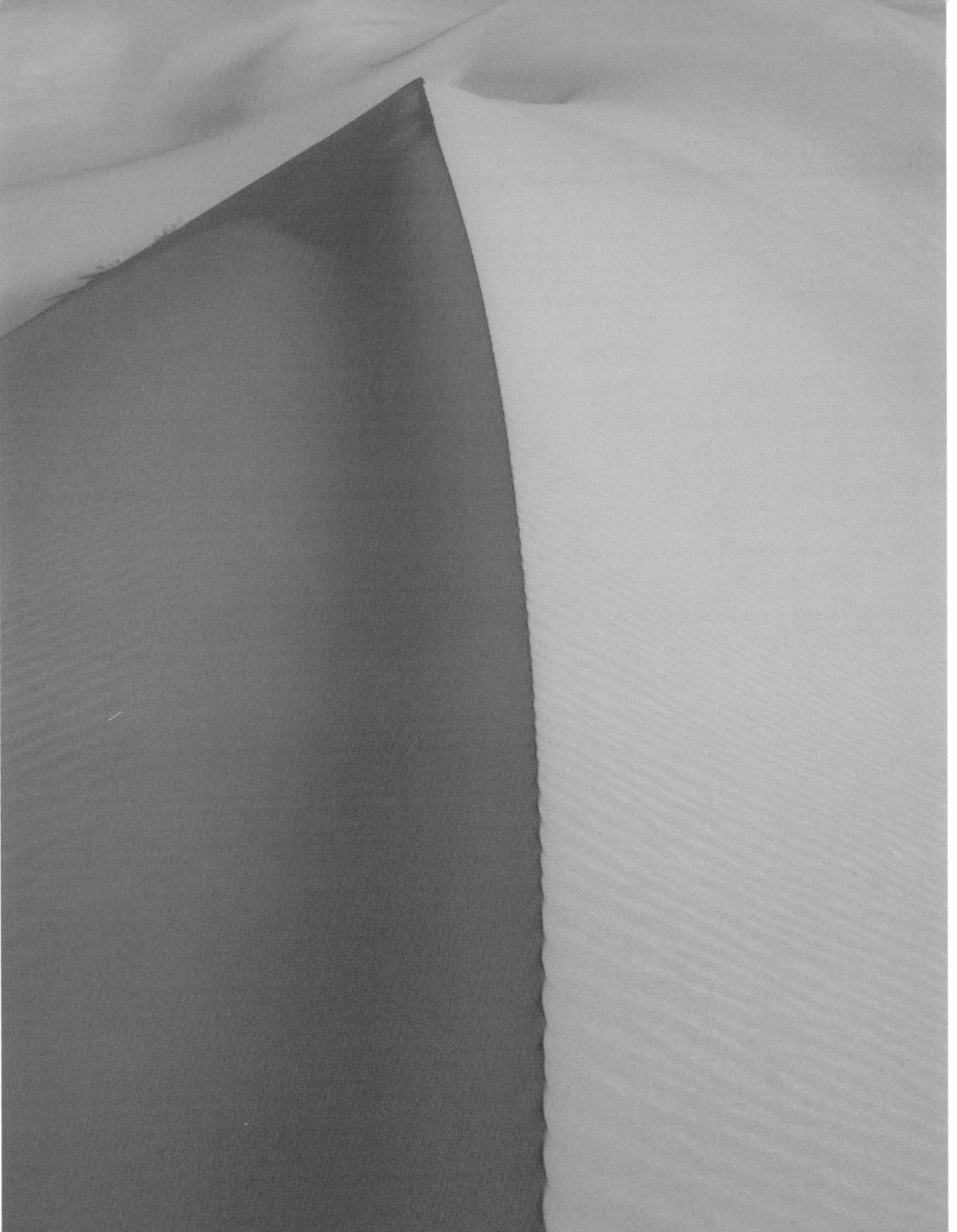

리더의 기본(해외프로젝트 수행의 교훈)

리더의 기본은 정직이다.

다소 불이익을 감수하고 맡은 일을 정직하게 수행할 때 기업을 살리고 부하직원을 살리는 길인 것이다
프로젝트의 실체와 실상을 파악(저가 수주, 수행 능력, 현재의 실행)하고 적자프로젝트가 파악되면 즉시 보고해서 만회 대책을 수립해야 되는데 걸림돌이 경영진이다. 본인의 안일을 위해 순간을 모면하려고 숨기면 그 피해는 고스란히 회사와 남은 직원들에게 짐만 되는 것이다.

적자 프로젝트에 대한 경영의 기본은 이익을 더 추진하는 것이 아니라 적자를 덜 보게 관리의 기준을 가져가야 하는 것이다. 사실을 숨기기 전에 직시하고 추가 손실을 방지하는 것이 더 이익인 것이다. 적자는 숨기면 커지는 속성이 있는 것이다.

이런 점을 바른 경영진은 꼭 알아주었으면 좋겠습니다.

실제로 내가 수행한 프로젝트에서 결과가 말해주고 있다. 비록 적기에 오픈해서 개인적으로 피해를 봤지만 후에 타사로 스카우트한 그 프로젝트를 수행한 직원의 입을 통해 네 개 프로젝트 중 가장 저가로 수주한 것이지만 가장 적자를 적게 보았다는 소식을 듣고 나는 만세를 불렀다.

비록 나는 힘들게 사표는 내었지만 나의 정직의 열매, 고통의 열매를 본 것이다. 내가 몸과 마음과 정열을 쏟아 부은 정말 사랑하고 자랑스럽게 생각했던 그 회사가 지속성장 가능한 세계적인 회사가 되기를 바라는 마음에서 옛 프로젝트 수행 경험과 교훈을 공유합니다. 교훈은 나누고 느끼고 적용할 때 또 하나의 열매를 맺는 것입니다.
자랑스런 후배들은 꼭 명심해 주기를 바랍니다.

3부. 가족은 나의 소망과 힘

아버지

아버지는 검게 변한 바나나 껍질
자신의 탄 몸으로 가족이 맛있어지도록
새까맣게 변하면서 즐거워하신다.

아버지는 사라지고 있는 머리카락
온몸의 스트레스를 머리카락으로 삭히다가
머리 감을 때 바닥에 흩날리는 삶의 무게
마침내 새하얗게 웃으며 사라진다.

아버지는 사명을 다한 무릎 연골
가족의 무게를 그 작은 연골로 짊어지고
차츰 문드러지는 소리가 나더니
닳고 닳아 없어진다

이제 아버지 뵈올 날도 얼마 남지 않았다.
그토록 먼저 가신 어머니를 그리워하고
잘 못 해 주신 것을 후회하며
어머니와 좋았던 그 시절을 추억하고
보고 싶어서 빨리 저 천국으로 가고 싶어 하신다

아버지 이제 그 무거웠던 가족과 삶의 무게를
내려놓으시고 편히 쉬세요

나의 정체

공무원도 해보고
당시 최대 기업 촉망받는 신입사원도 해보고
정부 투자기관에 특채도 되어보고
기술적으로 최고 기업에서 소장, PM, PPM, 팀장도 해보고

한 단계 낮은 기업의 임원도 해보고
중소기업에 부사장도 해보고
지금은 나이 관계로 감리단장으로 근무하고 있지만

친구들의 결론은 너는 학교로 갔어야 하지
기업체는 안 맞아
같이 임원 후보로 선정된 다른 친구는
인사 팀장인 친구에게 로비 하러 오는데
너는 있는 줄도 몰랐다고

윗사람에게 잘 보일 줄도 모르고
오직 일에 집중하고 정직 하게만 하는
네 성격으로는 아사리판인 기업에서 성공할 수가 없고
그냥 학교에서 학생을 가르치는 게 더 속 편했을 거라고

회사의 이익을 위해서 즉 손해를 덜 보기 위해서
상사가 싫어해도 정확히 보고하여 불이익이나 받고
너 같이 융통성 없는 사람은
맹수가 우글거리는 회사에는 맞지 않다는 게 결론이라

산유국의 꿈을 실현하여 회사에는 산업훈장을 받게 하고
나는 대통령 상도 받아보고 후배들에게는 인기 짱 이었지만
위만 보고 자라는 해바라기가 되지 못한 나의 삶

회갑이 되고서야 알아버린 나의 정체
참 거시기 하네요

아버지의 눈물

내 왔 데이
납골당의 사진 앞에 서서
그냥 바라만 보아도 가슴이 미어지는
함께 한 그 긴 세월
고생 참 많았네

내 간 데이
또 올게 얼마나 더 올 수 있을까?
대답 없는 임아
흐느끼며 돌아서는데
새들이 날아와 함께 울어주네

내는 어떻게 하라고 먼저 갔는가?
못 해준 게 너무 많은데
긴긴밤 홀로 눈물로 지새운다

당신 기일이 되면 나도 따라 갈게
조금만 기다려 곧 따라 갈게

아버지의 눈물 내 눈물

어머니의 일대기

돌아가신 어머니 살아온 이야기를
팔순이 되면 글로 써 달라고 누나에게 말 하셨단다

팔십 년을 어떻게 다 기억하리오만
그래도 굴곡진 생의 마디마디마다
눈물과 한숨 애달픈 이야기는 끝이 없다.

육 년을 더 사셨지만, 소원을 이루어 드리지 못하고
이제 사 이렇게 요약해 본다

군산 섬마을에서 태어나 어려서 부모를 여의고
할머니 손에서 그래도 곱게 자라나
해군으로 온 아버지를 따라 멀리 하동으로 시집와서

모진 시집살이와 참전용사들의 그 후유증을 다 받아 내시고
아이들이 불쌍해서 떠나지도 못하고
다시 돌아와 도시인 부산으로 이주하여
가장 어렵다는 부전 시장의 생물 채소 장사로
난장에 앉아서 그 고생을 다 참고하셨다

방과 후 시장에 가면 홀로 애처롭게 앉아서
손님들의 온갖 흥정을 다 받아 내시고
남은 생물들을 처리 못 하면 또 가슴 졸이고
어려운 시절 잃어버린 아픈 여동생을
찾을 수 없었던 안타까운 심정을 가슴에 묻고
겨우겨우 학비를 맞추어 내면 함께 한숨 거두고
좋은 대학을 졸업시켜 자랑스럽게 키우셨다

덕분에 오 남매는 장성하여 말년에 효도를 받고
아버지와 손잡고 교회를 다니며
그것으로 소원은 이루셨다.

가는 곳마다 화목 제물로 어려운 일을 마다하지 않으셨고
학교에서 다 배우지 못한 한글은 성경 필사로 깨우치고
아무도 몰라줘도 주님은 알아주시니
십리 길을 걸어서 새벽기도에 나가시고
교회 주변 마을 청소까지 도맡으셨으니

그 정성을 지금 하늘나라에서 주님의 칭찬을 받고 계시겠지!
사랑하는 천사 어머니의 일대기
쓰고 나니 눈물만이 앞을 가리네

어머니

어머니가 이제 못 걸으신다
나를 걷게 하시고 뛰게도 하시고
남은 걸음 같이 걸어 드리고 싶다

꽃다운 젊은 시절
모든 모자란 것들을 다 짊어지시고
산 넘고 강 건너 바다를 건너셨다

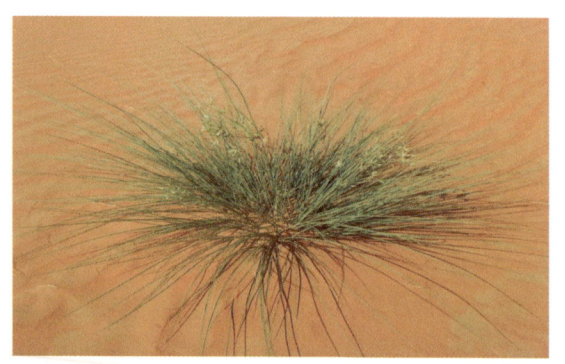

나는 꿈에서나 가능할 일들이라
생각했는데 기어코 이루셨다
그래서 내가 하늘나라 왕자인가? 착각하기도 하고
또 이 땅에 사람이 되어 이렇게 살고 있다

다 꿈꾸고 소원 빌며 살아왔지만
이제는 다 이루었다고 소원이 이루어졌다고
고맙고 감사해 하신다

이제는 앉아서 기도하며 보내신다
멀리 있는 다 자란 자식들 기다리며

말기 암

병상에서 누워계신 어머니의 소원은
스스로 걸어서 병실 문밖에 나가고 싶은 것
저 문을 나가는 것이 육체의 무거운 짐을 벗고
자유를 누리는 날인데

휠체어로나마 병실에서 움직여 보고 싶다 하시기에
옷을 입혀드리니 나의 생명 줄이었던 축 처져버린 젖가슴
나의 생명을 잉태하고 어린 나를 엎고 일어서셨던
뿌리 없는 나무 같다고 허탈해하시는 무기력한 하체

화장실에서 샤워기의 따뜻한 물로
각질 진 하얀 다리와 발가락 사이를 뽀독뽀독 씻고
머리를 감고 손을 씻고 손톱과 발톱을 깎고
다시 다리에 힘을 되살리고 일어서기 위해
누워서 자전거 타기 운동을 한발 두발 하신다
이제 개운하다고 오늘 밤은 잘 주무시겠다고
하나님께 감사기도를 드린다

생각은 무한정 아직도 두고 갈 자식들, 손자 손녀들 생각
말기 암으로 함께 고생하시는 남편의 먼 곳에 입고 갈 옷
걱정

아프시면서 가장 안타깝게 생각한 것이
아버지 밥을 못 해주는 것이라고
한평생 가족을 위해 사신
이 은혜를 어떻게 다 갚을 수 있으랴

어머니 참 잘 사셨어요.
사랑해요.
천국에서 모두 다시 만나요.

병문안 후 전철 안에서

나의 어머니

어머니가 떠나가신 날
산야에는 첫눈이 소복이 내렸다.

눈처럼 하얀 천사의
세상 나들이를 마치는 날

하늘에서 눈이 내려 마중을 하고
그 하얀 손과 발을 펼쳐서
하늘 본향을 향해
구름 속으로 날아가셨다.

구름에 그린 미소와 손짓
이별을 알리는 구름의 소산
그냥 저 푸르디푸른 하늘은
아픔도 슬픔도 없는 어머니의 고향

그 영원한 나라에서 편히 쉬고 계셔요
다시 만날 때까지
우리 마음 속에 영원히 살아계실
나의 어머니
사랑합니다, 나의 어머니

어머니 전상서

어머니 감사합니다
언제까지 슬퍼하고
애통 속에 있는 것을
어머니도 바라지 않겠지요
대신 어머니가 살아오신 길
그 길을 따라 살겠습니다.

모든 일에 감사하고
모든 사람을 존중하며
절망 속에서도 소망을 가지고
하루하루 최선을 다하는 삶

그 삶 속에서 어머니를 발견하고
또 추억하며 다시 만날 때까지
그렇게 살겠습니다.

잊지 않겠습니다
어머니의 그 지극한 자식 사랑과 희생
늘 눈에 생생하게 떠오르는
고생을 낙으로 삼으며 가정을 지킨
그 어머니를 바라보며 살겠습니다.

그렇게 어머니와 함께 살겠습니다

기도

늘 짐만 되고 기도의 대상이던 아들
기어코 부모의 가슴에 대못 질을 하고 먼저 떠났다

친구들이 많이 찾아오는 것 보니 헛되게 살지는 않았고
늘 상대를 배려하는 좋은 기억도 많은데

살 희망이 없기에 죽은 목숨 하나 남은 운명을
마지막으로 가장 지극한 사랑의 표현이 죽음인가?

효도한다고 스스로 짐 가지고 갔다고 자위한다
이유 없는 죽음과 미안하지 않은 삶이 어디 있으랴

아들아 미안하다 참 많이 미안하다.
마지막 인사로 몸은 재가 되었지만
가슴 속에 묻어 어떻게 잊을 수가 있을까

늦게 믿음을 가졌지만
하나님께도 늘 솔직하게 투정 부릴 때가 많다는 누나
그래 누나야! 그게 기도야
하나님께서는 다 들으시어

그래서 우리 같은 사람들도 믿고 살아가고 있잖아
눈물이 마르듯이 슬픔도 잦아지면 다시 물어봐
하나님 뜻이 어디에 있는지

집

정년이 되도록 집을 찾아
쉼 없이 달려왔는데
편안한 집 하나 못 구해
돌아갈 곳이 마땅치 않다

집에서 태어나 집을 떠났었지만
집을 나와 집을 마련하기 위해
얼마나 몸부림쳤던가

포근한 집을 찾아 전국을 헤매 다녔지만
나 혼자라면 어디든 못 가겠나

일생의 인연 그 집이 아직도
밤낮 그리던 그 집이
나의 인생엔 그냥 꿈이던가
찾아도 애써도 잡히는 게 없구나

그저 아직도 못다 한 그대로
꿈에서도 이루지 못해
헤매기만 하는구나!

살아온 집들을 되돌아보면
꿈은 늘 새로 와 잊지 못하고
애꿎은 꿈들은 또 허공에 메아리 치네

귀향

사람은 많이 알수록 바쁘기만 하고
헤어질 때 생각해보면 크게 만날 일도 아냐

재주를 부려 많이 뛰어 봤지만 구름 속에 그림이라
뉴스를 보면 볼수록 영혼은 오염되고

높아질수록 스트레스만 늘어나
내려올 때를 맞아 자존심도 죽여 보지만

사명감도 가치관도 명분도
꿈과 희망도 시대정신도

다 세월 따라 변해
후대를 생각하니 자녀들이 눈에 걸려
느낀 것들을 다 표현하기에는 기대가 차이나

손잡고 갈 사람 하나 마누라도 제 뜻이 있지

뛰어놀던 고향 그 산천이 마음에 그림이라
오늘도 생각 없이 고향으로 달려가고 있다.

시골에서 도시로 세계로 지금은 사우디에 너무 멀리 왔나 봐요

사랑이 거기에 있었네(배필)

다시 만나자고 읍소 하며 날 찾아온 님
헤어지던 날 말 없이 받은 노란 노트
제대로 한 구애의 시간들에 무심하다가
그저 빈 노트에 채워진 못 보낸 시는
나에게 보낸 두 번째 사랑의 이별 통보.

어린 시절의 사랑은 함께 나눈 사연보다
혼자서 더 생각하고 더 많이 사랑한 날들
가슴 삭힌 노래는 파도의 전령에 날리고
덧없는 시간의 멍에에 이끌려 가면서도
시선은 늘 그곳을 그저 바라만 보았던

기도만 했던 내 미숙한 첫사랑의 수채화.

시로 다 못 전하고 마음의 화폭에만 남긴 이야기들
추슬러 추억과 세월의 앨범 속에 정리하고
기다린 듯 거기서 서로 만나 웃으면서 사랑하다
당연한 것처럼 이렇게 평생을 잘살고 있다

모두가 이 세 번째 사랑을 위한 여정인 것을
누구에게는 금단의 형국인가

사랑, 기도와 의지도 인연만 못하여라. 그래! 배필은 하늘이 정해 주는 거야!

호박꽃

어떤 꽃보다 더 화려한 꽃 중에 꽃 호박꽃
별처럼 활짝 핀 호박꽃 앞에
모든 꽃들은 고개를 숙인다.

금빛 색깔과 유려한 자태, 소박하게 핀 꽃
호박이 넝쿨 채로 눈앞에 다가오는 호재는
좋은 기운을 불러일으킨다.

포용과 사랑의 용기, 관대함, 아름다운 마음의 꽃말이
잘 어울리는 별 모양의 예쁜 노란 여름 꽃
게다가 달덩이 같은 호박을 선물로 준다.
호박 잎은 된장과 함께 쌈으로도 감칠맛이 나고

마당에 호박꽃이 피면 온 집안이 환해지는 기분이다.
그래서 나는 호박꽃을 좋아한다.

짐과 언덕

당신은 내가 기댈 언덕
나의 이 무거운 짐을 나누어진다
저 멀리 언덕에 있던 지하철 구석 좌석에 있던
내 마음은 편안하다.
다시 태어나도 이만한 사랑을 만날 수 있을까?

친구는 나의 골방
나만의 이야기도 안심하고 말할 수 있으니
들어주는 것만으로도 짐이 가벼워지네
너를 어디서 다시 만날 수 있으랴.

가족은 나의 힘과 본향
기쁨과 슬픔을 같이하며 언제나 내 편이 되어주지
하늘의 뜻으로 함께한 우리 가정에서 천국을 미리 맛본다
이대로 저 천국에서도 그 사랑 누가 끊을 수 있으랴

비록 스치며 지나가는 인연도 무심히 대하지 말자
모두 다 누군가에게 친구이고 가족들이며
사랑 받을만한 자격이 있는 사람들.

서로 존중하고 배려하면
더 아름다운 세상이 되지 않을까?

집

사막의 집
인생의 끝을 맛보고 다시 일어나 사막 사진을 가지고 돌아와

파리의 집
살려고 한적한 산골 집을 장만했으나 와보면 파리들이 쓰고있네

바람의 집
숱한 바람 헤쳐왔지만 여기 산속의 바람도 아직 끝이 없고

잡초들의 집
마치 주인이 없을 때 집을 점거라도 할 듯한 기세다

천국 같은 집
모두 다 와보면 하나같이 하는 말 "여기가 천국이다" 라고 들 하지만

그러나
나는 진정한 집을 찾고 알고 사용하고 인정하고 있는가?

임종

내 가슴에는 두개의 못이 박혀있다
가끔 그 날들을 생각하면 가슴이 아려 오고
눈물이 앞을 가린다

여러분 무슨 일이 있어도
부모님 임종은 꼭 보세요
어떤 순간보다도 가장 중요한 시간입니다

지상에서 같이 산 100년보다도
임종의 순간은 더 소중한 시간
다시 천국에서 만날 기약을 하는 시간

그 시간을 놓치면 다시 찾을 수 없는 순간
부모님과의 따뜻한 이별을 고하고
그 동안 수고에 감사하며 편히 가시도록

우리는 꼭 그 순간을 같이 해야합니다
그래야 후회가 없고 또 가슴에 상처가 남지 않습니다
소명을 다 하시어 감사한 마음으로 편히 가시게

우리는 꼭 임종을 보아야 합니다

4부. 살며 생각하며 다시 일어나자

안반데기

짊어지고 올라간 짐 내려놓고
옭아 매인 멍에도 풀어놓고
산을 넘는 바람에 세례를 받아
짐도 멍에도 씻겨 나가고 나니
비로소 밤하늘의 별을 볼 수 있었다

그대 눈에 빛나는 뭇 별과
그대 마음에 뜨는 밝은 달을 찾아
올라간 안반데기

더 맑게 빛나는 저 밤하늘의 은하수
내 마음속 고요한 물결이 출렁이면
이 제사 그대를 만날 수 있는 곳

마침내 나는 저 밤하늘 은하수
별빛 속으로 날아올라서
우주를 유영하는 어린 왕자가 되었다.

안반데기는 강릉으로 넘어가는 대관령 정상

이순 천명

욕심부리지 말고
모든 일에 감사하면서 살자
이게 남은 생애의 좌우명이 되어야 한다
그래야 산다

과거의 아픈 기억은 잊고
현재를 감사하며 감사할 일만 하고 살자
무언가 조금이라도 땅에 심고
꽃을 피우고 열매를 기대하며
남은 생을 잘 가꾸어 보자
이것이 이순을 맞이한 나의 천명이 아닐까

이제는 오른 산을 내려갈 때
오르면서 힘들었던 것들을 돌아보고

그것들이 있었기에
오늘의 내가 있다는 것에 또 감사하며
내 본향 그곳으로 향해
가벼운 걸음으로 나아가자

함께한 들풀들과 아름다웠던 꽃들과 인사를 나누고
나와 거세게 맞섰던 파도와 바람과
헤쳐 나왔던 폭풍우도 회상하면서
최후에는 미안했습니다. 고마웠습니다 라는
인사만 남기고
다른 말들은 삼가 안녕을 고하자

바람

바람과 파도는 멈추는 법이 없다.
숲과 바위와 풀들 바람 타고 날아가는 새들도
함께 세월 속에 지나간다

영문 없이 내 인생에 맞이하는 바람도 없고
그냥 지나가 버리는 바람도 없다

그 바람에 뿌리는 튼튼해지고
바위는 제자리를 잡으며
꽃과 풀들은 또 번식을 한다

바람은 삶을 살찌게 하는 비료와 같다.
언젠가 또 그 바람 앞에 서고 또 이겨내겠지

삶이 무의미해질 때 또 너를 맞이할 준비를 해야지
마음을 추슬러 주는 친구를 기다리는 것처럼

내려놓자

여러 가지 하려고 하지 말고
좋아하고 잘하는 것 한두 가지만 하자
안 그래도 모자라는 시간
즐겁게 해야 하지 않을까

욕심도 마음에 담아두지 말고
나보다 주위를 보고
앞만 보고 살아온 나를 돌아보자
그러면 더 편안한 세상이 되지 않을까?

내게 잘해준 사람이나
잘못 하는 사람도 다 이유가 있겠지
하루를 넘기지 말고
있는 그대로를 인정하자

가까이 있는 분을 즐겁게 하면
멀리 있는 분들도 돌아온다고
같이 사는 사람들과 함께
즐겁고 행복하게 살도록

나 자신을 다스리고 내려놓자

내 자리

별이 되기를 바라지만
별은 하늘에 있고
돈을 원하지만
그것은 부자나 은행에 있으며
권력을 원하지만
그것은 내 권한 밖에 있다.

몸과 마음이 병으로 가는
지름길에서 돌이켜
내가 진정 원하는 것은
그 같은 욕심의 세계가 아니라

내 마음의 평화
가지지 않아도 높아지지 않아도
나의 분수에 맞는
내 자리가 가장 좋다.

나무와 시

시는 고통과 인고의 산물
고독의 친구
모진 바람에 꺾어진
나무에서 나온 진액

메마른 내 삶의
나뭇잎 말라서
땅으로 떨어져 거름 되어
봄이 오면 희망의 새순으로
다시 태어난다
변함없이 그 자리에

시가 살아있고 사랑받는
세상을 꿈꾸며

꼰대의 품격

반복하는 지난 이야기는 이제 그만
덕담이라고 해도 듣는 이는 부담스러워

내게는 삶의 교훈이었고 영웅담일지라도
젊은이들에게는 남의 이야기

말의 효과를 계상해 보면
반만으로도 줄여도 아무 이상 없지

홍시처럼 맛있고 잘 익은
침묵의 가치와 여유를 즐기자

원치도 않는데 자기 좋아하는 음식
자꾸 권하는 추한 오지랖은 그만 떨고

차라리 들어주는 게 보시라고
듣다 보면 도움이 될 일이 생길지도 몰라

선 줄 알지만 넘어질까 두려운 나이
꺾여 버린 내 남은 삶이나 잘 돌보자

전쟁은 젊은이들의 것
이제는 더 힘든 그들을 위해 참고 살자

또 하나의 화살

내가 한 말이나 쓴 글은 화살 같아서
내 손을 떠나면 되돌릴 수가 없다

세 가지의 뜻을 가지고 해도
듣고 읽는 이는 자신의 마음에 와 닿는 한 가지를 읽는 것

때로는 공감과 위안이 되지만
어떤 때는 날카로운 비수가 되어서
상대를 죽이고 만다

그래서 말 한마디는 천 냥의 빚을 갚기도 하지만
빚이 되기도 한다
그러나 우리는 아름다운 사회를 만들어 가는 사람들

시인의 시 한 구절이
길상사 보살의 전 재산 1000억보다 낫다는 말처럼

우리는 한마디의 말 한 줄의 글을 마치 유언처럼 해야 한다
내가 쏜 그 화살이 죽이기도 하고 살리기도 하니까

길상사 보살: 백석 시인의 영원한 연인, 자신의 전 재산인 대연각을 법정 스님께 부탁해서 길상사를 창건한 보살 길상화 김영환님

선택

지난날 생각하면
참는 게 능력이었고

오늘 생각하면
잊는 게 능력이라

그럼에도 불구하고

내일 또 살아가는게
참 능력이다

지난날 참지 못한 것은
나를 지킨다는 명분이었고

지금 잊지 못하는 것은
그로 인해 많은 변화가 있었다고

되돌아보면
매 순간마다 선택의 연속이었다

무엇보다 중요했던 것은
잘 선택하는 것이 가장 큰 능력이었다

그래서 오늘을 선물로 받은 것이다

첫사랑

누가 사랑을 가르쳐 주었나
어떻게 이별을 배웠는가
할 줄도 모르면서

무명지에 그려진 연분홍 사연
보냈지만 지워지지는 않아
마음마저 떠나가면 아니 되지

내 가슴 속 감옥의 장기수로
묶힌 지가 몇 해인데
그냥 그렇게 있게

시선

일요일 아침 성경책을 가지고
지하철을 탔다

전면에 앉은 수많은 사람들
세상만사를 다 보는 것 같다

아픈 할아버지를 보는 애잔한 눈빛과
어깨를 두드리며 힘을 주는 할머니의 손길

산으로 향하는 등산복 차림의 남녀들
모든 시선을 뺏고 있는 손안에 통치자

젊었을 때는 항상 웃는 모습이 좋았다는데
인생이 웃는 날만 있을 거라고 기대했지만

생로병사의 굴곡과 만남과 이별의 풍파 속에서
나도 이렇게 늙어가고 있구나

그래도 지친 몸 기댈 곳은 의자 뿐
지금 나는 무엇을 보고 있는 것일까요

환갑

이게 정녕 꿈이던가
내가 환갑이 되다니

무엇보다 가족들의 행복을 위해
앞만 보고 달려온 길 60년
누구보다도
가족에게 인정받는 게
최고의 목표인 가장의 삶

그 무엇이 부러울까
가족 모두의 행복 외에
원하는 게 더 있겠는가?

남은 생애도
가족의 품 안에서
더욱 의미 있게 살아보자

힘들까요?

짐은 들고 있는 게 힘들까요?
내려놓는 게 더 힘들까요?

임은 만나는 게 힘들까요?
헤어지는 게 더 힘들까요?

돈은 버는 게 힘들까요?
쓰는 게 더 힘들까요?

욕심은 내는 게 힘들까요?
버리는 게 더 힘들까요?

너에게 받는 게 힘들까요?
주는 게 더 힘들까요?

가진 것은 이미 맛 본 것
버려도 되는 대상이라는 것

미련하여 실천 못 하는 것
왜 지나고 나서야 알까요?

의미 없는 욕심과의 전쟁
이제는 끝내야 할 때이다

바램

바램은 바다의 파도 같아서
밀려 왔다가 그냥 제자리로 가는 것
그저 스쳐 지나가는 바람
무엇으로도 잡을 수 없으리

바램은 과녁을 향해 떠난 화살
애초에 다시 되돌아올 힘 없이
날아만 가는 것
마치 내가 태어나 각본 없이 살다가
저 세상으로 가듯
되돌아갈 수 없는 나의 삶의 궤적

그 마음이 있었다고만 생각하고
되돌려 받을 생각을 말자
그건 또 되돌려 주어야 할
족쇄가 되나니

빈손으로 와서 빈손으로 가고
그저 받았으니 마냥 그저 주고
해 준 것 많다고 기대하지 말고
그냥 준 것 그것으로 만족하고 살자

솔밭 친구

소나무 숲길을 걸으며
막막한 가슴 뚫어주는
솔밭 사이로 흐르는
바람에게 말한다

세상에서 제일 시원한
너를 마시러 왔노라고

솔잎을 밟으며 걸어가는데
낙엽 아래 숨죽인 흙도 말한다

늘 외롭고 추운 산에서
네가 와 꼭꼭 다져주는
발자국 소리가 반갑다고

우린 각자 바쁘게 살다가
만날 때마다 반가운 것은
서로의 빈 곳 허전한 구석을 채워주는
마음을 가지고 있기 때문이다

복잡한 세상에서 외롭게 살며
홀로 된 서로의 방에 찾아가서
가슴 속 이야기를 나누고 싶은
영혼의 친구를 만난 것처럼

외로움

웃고서 태어나고
웃고 살며
웃으면서 가고 싶으나

울면서 태어나고
울어야 후련하며
울고서 가는 게 인생인데
어찌 내 마음대로 되겠는가

살다 보면
웃어보지 않고서
어찌 울 수가 있고
전혀 울어보지 않고서
또 웃을 수가 있으랴

혼자서 외로워 무너져도
그때가 가장 자신에게
진실할 수 있는 순간이다

해바라기

꽃이 피고 열매가 맺히기 시작하면
더욱 해를 향해 위를 보려고 한다
그래야 더 높이 갈 수 있다고

벼는 익을수록
머리를 숙인다고 하는데

위만 보고 살면
하늘에서 뭐가 뚝딱 떨어지나?

열매가 익을수록 고개를 숙여
땅으로 씨앗을 떨어트려 야지
그래야 또 꽃이 피고 열매를 맺는 것

세상은 위만 바라보라고 하지만
나는 고개를 숙여 땅을 보며
한 알의 씨앗이 되어

내일을 기약해야 하겠다

슬픔

임과의 이별
부모님 사별

정든 곳을 떠나기도 하지만

그 무엇보다도
너에게서 마음이 떠나는 게

가장 슬프다

공모자

단풍과 첫사랑은 공모자
가장 아름답게 보였다가 사라져 못 잊게 만든다.
겨울 바다 그 차가운 현실 앞에서 울게 하다니
무상한 파도와 몸과 마음을 얼게 하는
저 넓은 겨울 바다에 날려 보낸 사연
파도에 속삭이던 사랑의 밀어는
밀물처럼 왔다가 썰물처럼 사라지고
바다 저 건너 또 다른 세상이 있다고
언제든지 다시 오라고 위로하며
돌려보낸다

욕심(1)

항상 가득 채우려고만 했다
비어 있는 게 두려웠을까

늘 가득 채우다 보니
항상 부하가 가득 걸렸다.
그래서 늘 힘들었다.

왜 비울 때도
쉬고 싶을 때도 있는 줄 몰랐을까?
그러면 방전되는데
그게 내 몸인데

결국 나는 노심초사 내 몸을 소모하는데
최선을 다했다
비우는 게 필요한데 채우는 데만 몰두하니

결국 내 몸은 비워지고 말았다

욕심(2)

본래 없던 게 생긴 것이다
그래서 버려도 된다

그러면 속이 시원하다
또한 더 좋은 생각으로 채울 수 있다

그래도 또 생기면
그냥 바라보자 제자리로 갈 때까지

다 생활 속에 삶의 부스러기
어쩌겠나 지내다 보면 사라지겠지!

집착

늘 완벽을 추구했다

그것에 집착하느라
나란 존재가 사라졌다

이제라도 늦지 않으니
모자라고 완벽하지 않더라도
잊혀진 나를 되돌아보자
남에게서 찾으려 했던
완벽한 착각에서 벗어나
있는 그대로의 나를 용납하자

남보다 먼저 나를 보면서
사슬에서 벗어나 자유를 향해
이젠 나에게로 돌아가자

미련

되돌아보면 미련이 많다
그렇게 미련 하니
미련한 놈인 것이다

자꾸 미련의 뒷다리를 잡는다
그것이 습관적이다
현재를 불안하게 하고
미래를 좀 먹는다

그저 지나간 먼지에 불과한 것을
오늘의 절실함과 미래의 절박함이
미련이라는 것을 먹고 있다

다 사라진 전설도
또 미래의 무지개도
오늘의 호흡만도 못한 것을

그냥 오늘의 질량에 맞게
살면 되는 것을
무게도 없고 가치도 없는
그냥 무량한 세월의 편린인 것을

지금 살아있는 것이
기적인 줄도 모르고

비움

욕심을 버린다는 게
나 자신을 잃는 것인 줄로만 알고
못내 매달려서 살았는데

욕심을 비운 그곳에
새 살이 돋아나
고통 없고 아픔 주지 않는
진정한 쉼을 얻네

다시 태어난 이 기쁨이
쉬 사라지지 않도록
한 눈 팔지 않고 그 길을 가야겠다
진정한 자아와의 행복한 여행을

한계

한계까지 가보니
한계는 더 이상 한계가 아니었다.

여기까지 오기가 힘들었을 뿐
다시 시작하면 되는 것이다

그러나 한계를 벗어 나야 할 이유
그것은 분명 있는 것이다

언제까지 나 자신의 범주에서만
머무를 수가 없다

이제 나를 넘어서는 산고가
새로운 세계를 열어주는 것이다

더 큰 세계를 경험하고
더 많은 사람들과 환경을 접하다 보면

마침내 한계 안에 머무르지 않고
내 마음의 자유를 얻어

더 넓은 세계로 비상하는 것이다.

동치미

내 속의 고통을 털어놓는 것은 내 마음이지만.
들어주는 분은 보시하는 귀를 가지신 분.

정도가 지나치면 그것은 좀
좋은 이야기라도 반복해서 들으면 그런데

악담은 식물도 시들게 하기 때문이다.

때로는 그것을 내 마음속의 장독에 삭혀서
동치미처럼 우려먹을 수 있는 여유가 필요한 것.

그것이 내가 소화해야 할 내 삶의 분깃이다

숲

숲은 바람을 설레임으로 맞이한다.
나는 이 시련을 어떻게 맞이할까?

나무는 바람이 지나간 뒤 더 자라라고
시련은 나를 다듬고 지나가는 인연

바람과 시련을 지나며
다 그만큼 더 커가고

내일은 또 내일의 손님이 오겠지

세곡동의 밤

한 밤 열두 걸음 산책에 나서다

세곡천엔 아직도 제 집을 찾아 가지 않은
아름다운 새들이 먹이를 찾아 분주하고

멀리 네온사인 십자가 너머
산 밑의 시골집에선 강아지 우는소리

방천둑에 눌러앉자 산바람 쏘이며
술주정 들어 주는 친구의 맞장구와

도시의 언저리로 흘러 별빛 속으로 사라지고
다시 내 가슴에 흐르는 시냇물 소리 들으며

세곡동의 밤은 깊어간다.

세곡동은 서울시 강남구 세곡동으로 성남과 인접해 있는 강남 같지 않은
강남인데, 현재 개발 붐으로 아파트단지들이 들어와서 옛 정취를 느낄 수가
없게 되어 아쉽네요

단풍과 바다

그 화려했던 단풍 시절이 끝나고
텅 빈 산 공허한 가슴은 겨울 바다로 향한다.
눈 내리는 추운 겨울 낙엽은 나무의 무게를 내려놓고
대지에 내려앉아 썩어져 새로운 봄을 준비하고
남은 이야기로 대지를 덮어 겨울을 맞이한다

단풍이 화려한 것은 내가 잊지 못하게 하려는 것
그 못다 한 사연 낙엽에 실어 저 바다 멀리 전하려 하지만
바람이 제 갈 길로 나아가니 내 마음도 갈피를 못 잡아
섬짓한 차가운 바닷바람에 놀라서 정신을 차린다.

맹한 가슴을 또 쓸어 만져주는 저 넓은 바다
한여름의 열정은 가고 찬 바람이 내 볼을 스치며
흐트러진 나 자신을 다잡게 한다.

파도야, 말없이 철석이는 파도야!
너는 내 맘 알지?
타고 메마른 내 심장을 어루만져주는 너의 그 손길
늘 변함없이 느끼는 나만의 이 카타르시스.

이번 겨울은 또 파도가 헤어진 가슴을 맞이하고
다시 일어서서 나아가도록 어루만져 주겠지.

그래서 내가 또 이 쓸쓸한 바닷가를 거닐고
발자국 저 멀리 해가 지고 다시 떠 오른다.

객지

객지에 있을 때는

몸이 아플 때 참 괴롭다.
왜 나만 이렇게 고생을 해야 하는지?

마음이 아플 때도 참 외롭다.
왜 이렇게 살아왔는지?

혼자 먹고 혼자 잘 때는
따뜻한 체온과 맛있는 반찬 같은 대화도
참 그리운 것도 많다.

그러게 누가 그렇게 살라고 했나?
그렇게 살아 놓고선 무슨 타령은

떠나온 자의 숙명이기에 하고
이제 그만 내려 놓게

인생이 뭐 별거 있나?
심은 대로 거두고 또 환경에 지배를 받지

제 나름의 길로 가면 그게
제 인생이야.

누구도 대신할 수 없지
내가 걸어온 길 걸어가야 할 길

인생 객지에서 살다가
고향 가듯 돌아가면 되겠지

몸 생각

나의 끝 날은 정해지지 않았다.
그런데 왜 빨리 갈려고 기를 쓰는가?
몇 분 빨리 갈려고 숨을 재촉하고 있다.

먼저들 가라고 하지.
미리 다 쓰지 않아도 되는 것을
왜 매 순간 전력을 다해 소진을 할까?
욕심이 또 욕심을 낳고
못 이룬 꿈들이 구천을 헤매며 나를 부른다.

나는 다시 고향 그 넉넉한 곳으로 돌아가
다 받아주는 자연에 안기어 안식을 얻고
치유를 받아야 할 도회지의 방랑자.

이젠 지친 몸을 좀 내버려 두자.
머리가 주인이 아닌 몸의 주권
몸이 원하는 대로 가자.
천천히 바람 부는 대로 구름 흘러가는 대로
시냇물 흐르듯 높은 곳이 아니라 낮은 곳으로.

부모님도 형제들도 내 가족들까지도
어디 내 소원대로 되는 것이 있더냐.
마냥 기다려주지 못하는 세월을 이길 수 있으랴.
하물며 나의 이 수많은 생각들도
다 세파를 이겨내지를 못하지.

그냥 그렇게 그런대로 살자 꾸나.
몸이 원하는 대로!
몸아 참 수고 많았다.

강대상 꽃꽂이

하나님을 무던히도 바라보면서
응석부리기에 기약없이 지내다

이제는 하나님 앞에 꽃으로 서고 싶네
하나님의 눈으로 하나님의 향내로

내게 한 소원을 구하라면
흔들리지 않고 주님의 편에서

세상을 보며 가라고 하시면
들을 수 있는 거리에 서서

때로 심부름도 하고
재미난 이야기도 나누며

응답할 수 있는 그 자리에서
꽃으로 서 있고 싶네

숲아

봄에 그렇게 나를 오라고 손짓하더니
여름의 열병에 애태우고
결국 가을에 모든 걸 내려놓고 말았네

추운 겨울에 눈꽃으로 다시 피어나
다시 올봄을 기다리다가
함께 다시 만나자고
그렇게 바람 속에 물결처럼
또 내 마음을 흔드네

풀처럼

풀 같이 푸르르게 살고 싶다.
바람 타고 날아와 제자리를 잡고
봄이 오면 제때에 피어나 생기를 세상에 전하다가
베어지던 말라가던 그냥 그렇게 살고 싶다.

꽃처럼 예쁘지도 나무처럼 웅장 하지도
유실수처럼 열매 맺지 못해도
나름 바람에 살랑거리며 인사하고
비가 오면 잎새에 물방울을 머금고
생동감 있게 인사한다

쓸모 없다고 베어져도 나는 그대를 잊지 않을게요
왜냐하면 나는 그대가 가장 아름답고 그리울 때
내가 가장 간절히 기다릴 때 그렇게 헤어져서
기억도 같이 멈추어진 그대로 있으니까요.
지금 생각해봐도 그래도 그때가 그 푸른 시절이
제 인생에 가장 행복하였었던 시절이었어요

이젠 또 새로운 봄을 기다리며
내 땅에 거름이 되어
또 겨울의 꿈속에서 그리워하다가
봄에 다시 만나요.

한 해 두 해 아니 십 년이 몇 번 지나도
나는 변함 없이 잊지 않고
다시 일어날 거에요.
저는 이렇게 당신과 함께 살아갈 것입니다.

부추 꽃

화덕 속에서 다 타버린 나를 주워 모아서
부추 밭에 뿌린다.
다시 자랄 부추의 거름이 되어
이름 없이 사라지리라

다시 태어나서는 그렇게 살지 말아야지
태우는 것만이 아닌
자라나는 기쁨과 즐거움을
마음껏 누리리라

탈 때는 왜 불꽃만이 내 삶이라 생각했을까
함께 사는 풀들과 하늘의 별들 나를 다듬고 지나가는 바람
이 모든 친구들의 노래가 함께 이루어가는 세상

아직도 마른 살과 뼈가 지탱해주고 있지 않은가
재와 함께 다시 피어날 새 부추와 함께
다시 생기가 돌아 일어나
어여쁜 부추 꽃으로 세상에서 제대로 살아보자

산복도로

산을 가로질러 길을 만들어서 간다
위아래 계단으로 달려가면
친구 집과 이웃사촌이 사는 곳

때로는 무너지고 또 복구하며
든든히 지켜온 언덕 저 너머에
바다가 보이고 다리가 있고
또 뱃고동 울리며 항구가 서 있다

작은 만디 버스에 몸을 싣고
꼬부랑길 구경하며 살다가
끝내는 달려가고 날아간다

저 바다 건너 저 산을 넘어
넓은 세상이 있다는 것을
산복도로 다 지나서 안다

만디버스 : 마이크로버스

생각을 생각하다

대봉 감처럼 무르익던 시절을 지나
인생의 정점을 지나버린 청춘.
뒤돌아보지 마라.
아쉬워하지 마라.
다시 되돌릴 수 없는 젊음의 뒤안길
이제는 앞만 보고 가야지,

절벽을 올라가다 뒤돌아보면
외면했던 두려움에 다리가 떨려
멈추고 생각한다
뒤의 두려움이냐, 앞의 희망이냐?
선택의 귀로,

바다로 나아가면
파도를 무서운 산으로 느끼기도 하고
뛰놀던 언덕으로 생각하기도 하니
생각은 참 그 스펙트럼이 넓다.
생과 사, 절망과 희망,

내 생각 속에 우주가 살고 있다

베이비부머 친구들

이제는 우리를 찾아야 할 때
뼈 빠지게 일하며 위로는 부모님을 모시고
또 아이들을 위해 청춘을 쏟아 부어
미래만을 바라보고 다 써버린 지난 세월

잊어버린 나를 찾아 보려니 아쉬운 듯
벌써 육순이 되어 버렸네

마누라는 또 제 나름대로 바쁘고
아이들은 좁은 취업의 문에 매달려 있다가
홀연히 제 짝을 찾아 날아가면

나 홀로 추억을 되새김하다가
잊고 지낸 그 시절의 친구들이 생각나
다시 그 청춘의 패기로 돌아가고 싶어도
흰머리와 사라진 머리카락 사이로 드러난 두피가
나를 머뭇거리게 한다

그래 친구야
우리가 이렇게 함께 살아가고 있구나
그래도 함께라면 덜 힘들고
또 나누면 우리 시름도 가벼워지겠지
그래서 우리 만나자

먼저 동기들이 우리를 만들고
또 위아래로 손을 꼭 잡고 함께 모여서
아직도 우리에게 남은 소명 다할 때까지
함께하며 삶과 정을 나누며 살아보자

5부. 지난 날들을 돌아 보며

신 별곡

못다 핀 꽃잎처럼 몽우리도 피기 전에
무심한 석양처럼 고개 넘어 떠나간 님
다시 못내 그리워 해 질 녘 언덕에 서서
떠난 님 기다리며 어린 마음 멍이 들 때
빈 가슴에 무심하게 떠오른 달님 향하여
못내 그저 그리워 눈물 짖던 세월은 가고

왜 늦었느냐 묻지 마세요
나는 그 길을 헤 메이고 있었 다네.
이제는 늦었다고 말도 하지 마세요
나도 늦었다고 생각하고 있어요.
한때는 우리 님도 나 떠난 후이지만
날 찾아 머나먼 길 헤메였다 하였어요.

이 제사 올려 거든 오들 랑 말 것이지
왜 아픈 이내 가슴 갈기갈기 찢어 놓고
내 그때 올려 거든 이렇게는 하지 말고
떠난 뒤 늦기 전에 먼 발길 옮기시지

통일로

아름다운 통일로로 와 보시지요
꽃 길 따라 백 리 길 꽃 바람 따라
코스모스 향 내음에 사랑에 취해
한들한들 춤을 추는 우리 님 모습

이민족의 한을 품고 끊어진 철도
보고 싶어 가고 싶어 백 리를 걸어
임진강에 뿌린 사연 눈물겨워라
통일로 여 통일로 여 백두산까지

운악산

운악산의 밤바람 소리
산자락에 머물 거리고

계곡의 흐르는 물소리에
내 시름도 씻어 내려가네

내 저 구름 타고 날아
세상 구경하다가

다시 집으로 돌아와.
남은 사연 풀어 놓게

호롱불을 밝혀 주오

임이 여.

하동

청솔 바람에 여물은 생명
고사 목 너머로 살아온 지리

하늘 비 모아 산을 씻고서
토지에 잉태한 황금빛 들녘

바위를 굴러 모은 금모래 세월
정도 한도 싣고 나른 사공의 노래

가슴을 품고 달려간 저 강은
대양을 품은 항해의 도전장

내 고향 하동의 지리산과 넓은 들녘 그리고 정과
한의 세월을 흘러내린 섬진강

작은 가슴

그가 너를 미워하거든
그의 작은 가슴에 멍을 들이지 말자

작은 가슴일수록 상처받기 쉬우며
그 작은 가슴은 넓어지기 어려 우리
작은 가슴에 위로와 연민을
작은 가슴에 사랑의 양분을 부어라

사랑으로 자란 가슴은
이제 작아지지 않으리

그가 너에게 죄를 짓거든
그의 작은 가슴에 못을 박지 마라

비록 그 못은 그의 육신을 아프게 할지는 모르나
그의 작은 가슴은 더욱 작아지지 않니?

삶에 몹시 찌들고 피해의식이 내 앞을 가로막을지라도
더 자랄 수 있도록 사랑의 여유를 주자

사랑으로 길들여지면 이젠 서로 상처받지 않아

바다에게

나는 그렇게 바다에 빠져들었다.
그 후 많은 일들이 일어났고
새로운 환경에 놀라기도 했지만
나는 그때 뛰어든 바다를 가장 좋아한다.

젊음이 넘쳤고 꿈도 파도에 실었다.
기쁘나 즐겁거나 슬프고 괴로워도
늘 바다와 함께 하는 것이 당연했다.

너는 다 몰라도 나는 네가 다 알고 받아주었다는 것
그리울 때마다 잊지 않고 있다.
나는 아직도 그때 옷 입은 채로 바다에 뛰어든 것을
자랑스럽게 생각한다

네가 가르쳐준 두려움을 극복하는 법, 살아야 할 이유,
같이 사는 법, 목표의식 그렇게 살아왔지.
너의 모습도 자주 변하고
나는 더 많이 변해서 감 잡을 수 없지만

네가 있다는 것
그리고 그때 뛰어들었던 것이
온몸으로 세파에 적응할 수 있는 밑천 된 것 같아.

처음 바다에 뛰어들던 날 그 파란 바닷가
내 삶의 새로운 시작이었지.

태종대

사람과 같이 늙어가지만
갈 때마다 더 많은 것을 주시는
외할머니의 손길처럼
태종대는 오라고 한다

자살 바위를 오를 때 뒤돌아보면
두려움은 뒤따라 오고
파도 속을 헤매 일 때 무서운 것은
파도가 아니라 두려움이라는 것
떨쳐 버리려면 앞으로 더 앞으로
나아가야만 한다는 지혜를 배운 곳

늘 푸른 해송과 깎아지른 바위
자갈 마당의 파도 소리는
잊혀졌던 꿈들을 되살아나게 한다

남녀노소 자갈 마당에 서면
얇은 돌들을 주워 물 수제비 놀이를 한다
금방 빠져버리지만
우리의 꿈처럼 사라지지 않고

끝없이 나가 주기를 바라면서
고르고 또 골라서 던지고 던진다

한 때는 헤엄으로도 던지기로도
갈 만큼 나아갔는데
이제는 돌아와 일상 속에 묻혀 버린
젊은 날의 꿈이여 나만의 이상이여

소나무에 다리를 기대고 바위에 누워
가없는 하늘을 바라보면
바다보다 더 파란 하늘을 맞이하고
갈매기 날아와 마음을 가져간다

바다를 넘어온 바람을
건강한 모습으로 맞이하는 해송과
모진 파도의 염원을
온몸으로 맞이하는 주름진 바위들

우리는 이렇게
나의 꿈 나의 미래를 그리면서
태종대를 만나는 것이다.

다시 일어서자

나에게 갑자기 폭풍우가 몰아치고
알 수도 없는 거센 바람이 몰아 칠 때도
실망하거나 노하지 맙시다

이유 없는 결과가 없듯이
뭔가가 있을 것이고
여전히 하나님은 내 손을 잡고 계시니

언젠가는 또 일어설 기회가 있겠죠
그 폭풍우와 거센 바람 속에서
나는 더 튼튼해 지고

지금도 지친 손을 다시 잡아주시고
굳건히 일어서기를 모두가 박수 치며
기도하고 있습니다

우리는 하나님의 귀한 자녀
환난 속에서도 반드시 일어서야 하는
왕 같은 주님의 백성입니다

6부. 설중매 신인상 수상작

사막이여 안녕

내 마음은 사막에 있었네.
그 무엇 찾으러 무던히 헤매 였건만
눈앞에 보이는 것은
조석으로 변한 형상 뿐

송두리째 사라져버린 전설도
신의 땅 앞에 선
선지자의 부르짖음도
모두 다 지나간 발자취

홀로 사막에 서서
나의 진면목과
변하지 않는 진리를
가슴으로 받아들여

아무도 없는 무상의 땅
깊은 곳에서
눈물샘 발견하고
나에게 돌아왔네

그리움

낳자마자 버려진
어린아이처럼
젖비린내 나는 시절에
헤어진 사랑

걸음마조차 못하고
젖 동냥도 없이
내 사랑은
그 자리에 멈추었네.

그때는 오해였다고
싫어서 떠난 건 아니라고
그대가
첫사랑이었다고

뒤늦은 고백이지만
그대에게 전할 수 없어
나 홀로 지새는 밤
오롯한 가슴 여민다

빈 손

육순에 아쉬움 가득
무거운 욕심 덩어리 담긴
빈 항아리 깨어버린다
전에 품었던 꿈도 희망도
이젠 다 지나간 것
가벼운 마음으로 자연으로 돌아 가리.

미련의 가증한 것들아
내 다리 잡지 마라
지친 여정은 마쳤으니
가벼워서 좋구나
희망 찾아 날아 가리라.
보다 넓은 세상을 향해

7부. 습작의 시대(40자구 문자 시)

익투스 선교단의 총무로서 매주 모임 안내를 휴대폰 문자화면에 꽉채운 40자로 써서 보냈습니다.
생각못한 단원들의 반응에 용기를 내어 딸의 도움으로 문자메시지 시집 "메시지보기"를 펴 내었습니다.
넘지도 모자라지도 않게 사랑하는 마음을 꽉 채운 이 문자가 귀한 님의 마음에서 생동하기를 기대합니다.

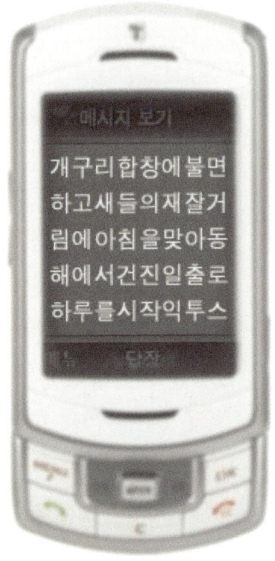

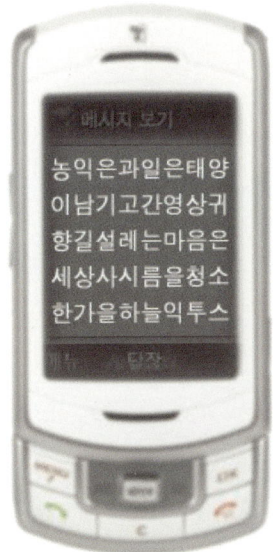

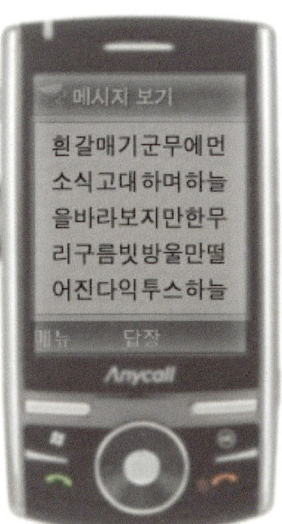

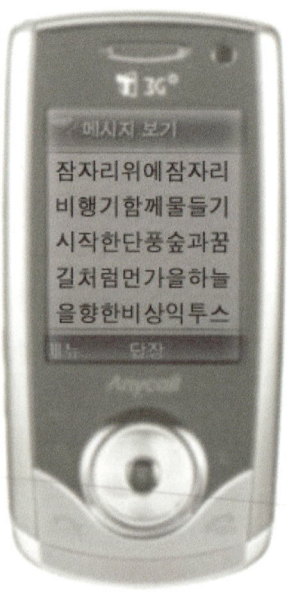
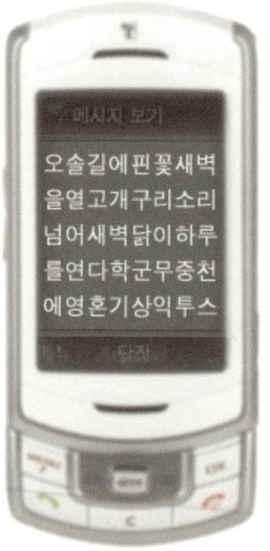
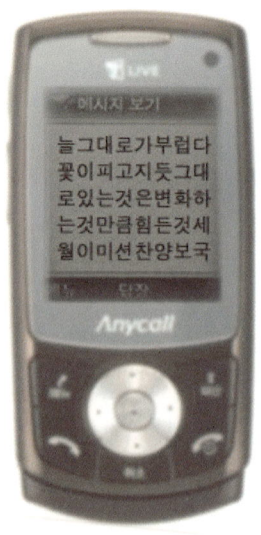
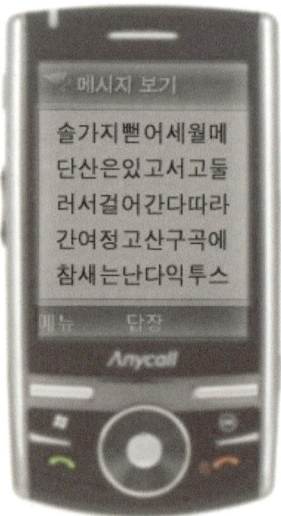
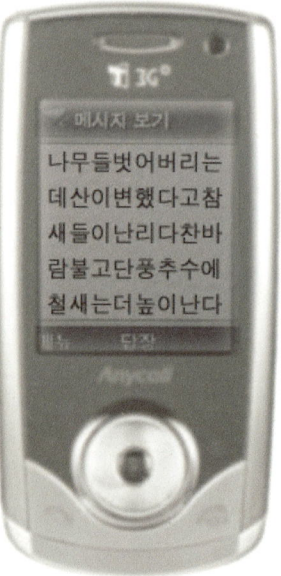

 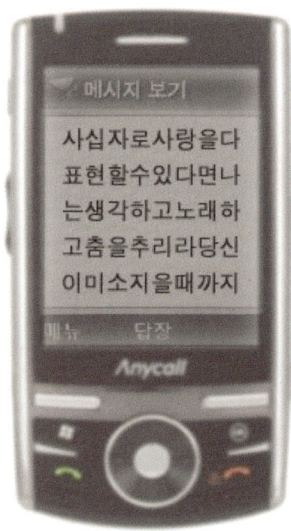 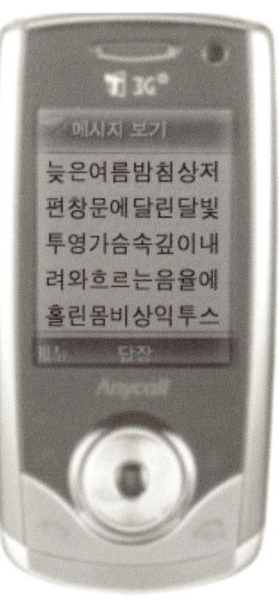
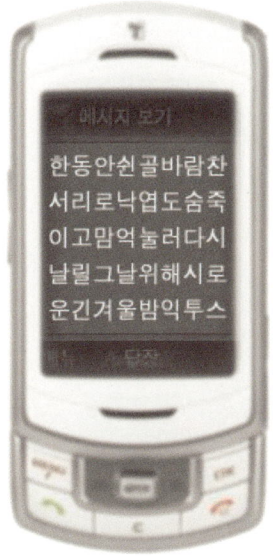 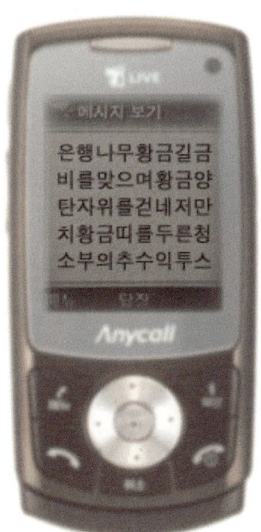 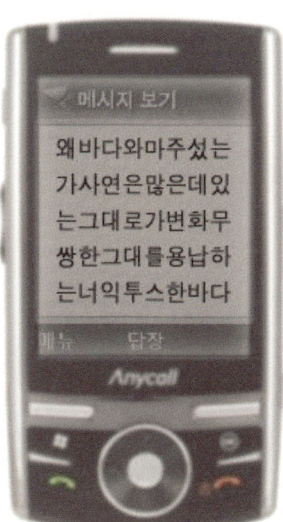

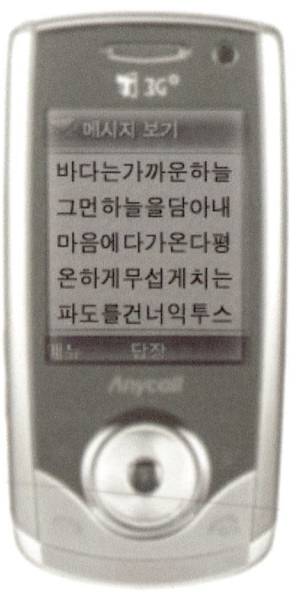  
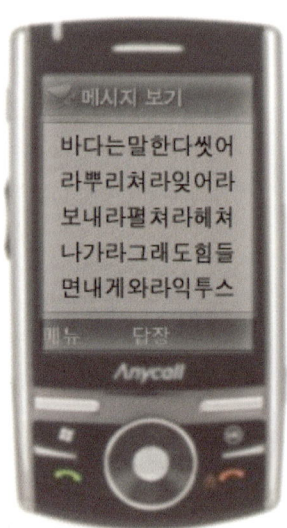 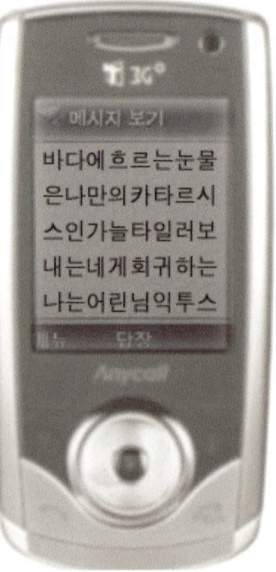 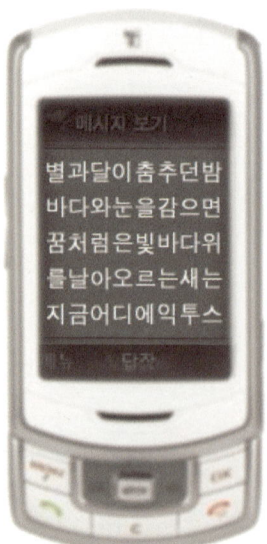

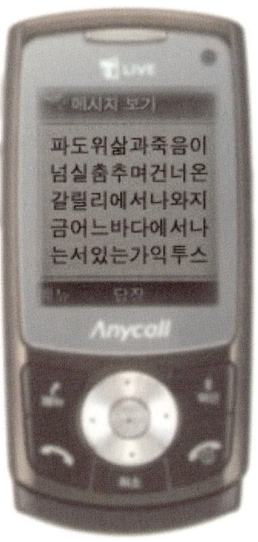 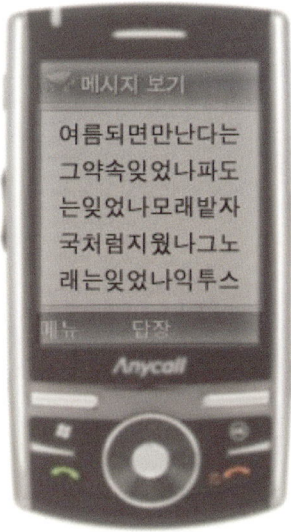 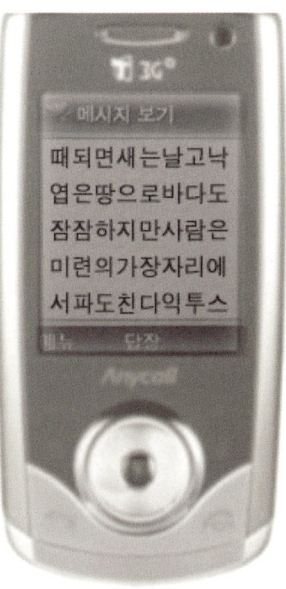

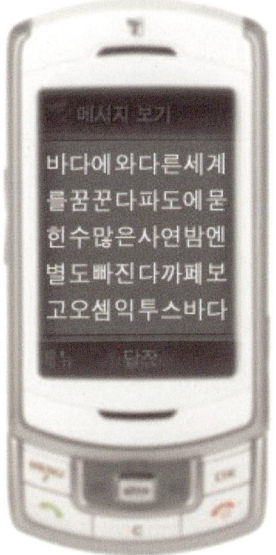 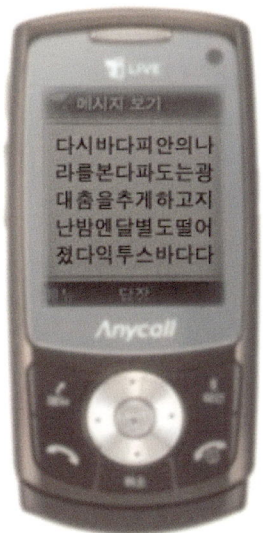 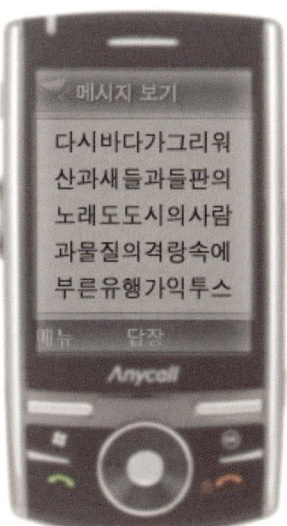

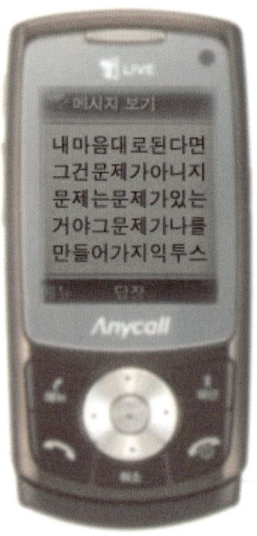

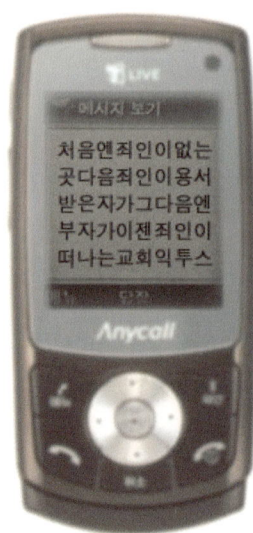
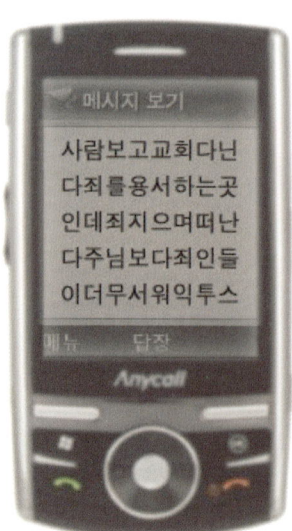

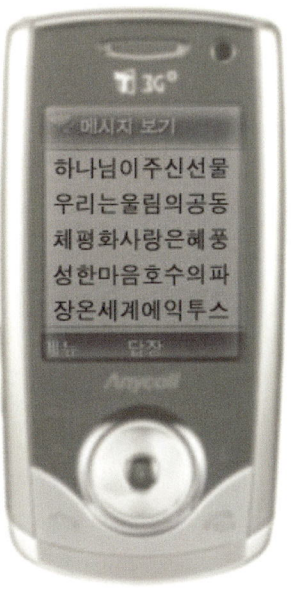
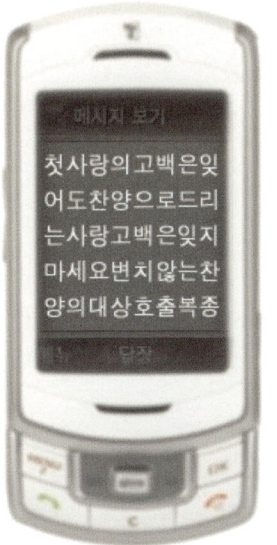
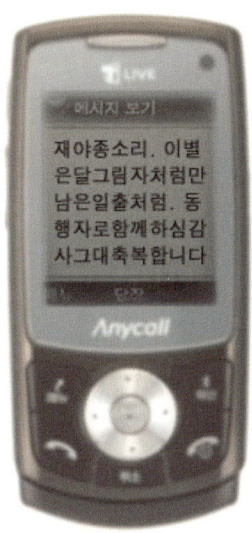

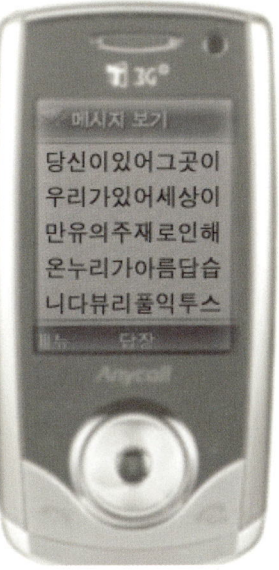
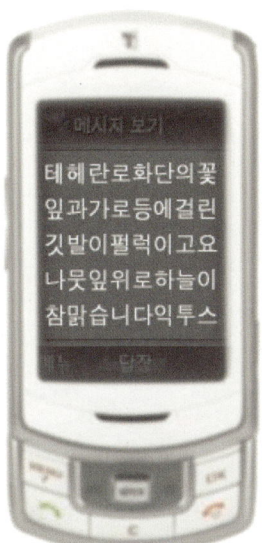

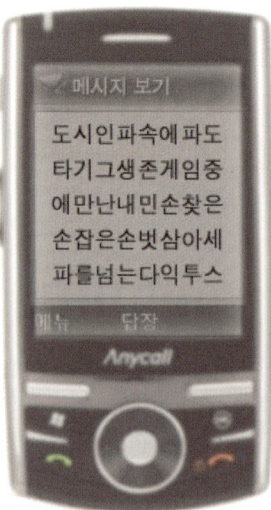

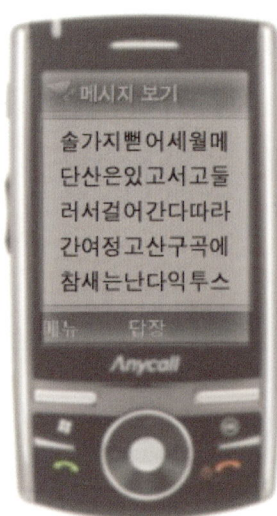
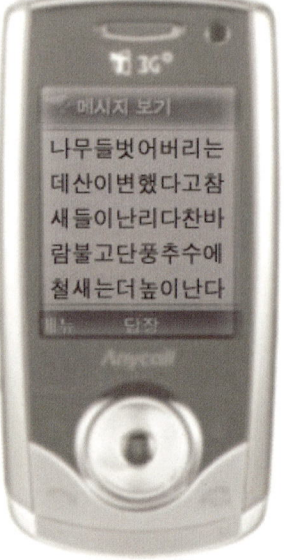

파도를 건너 사막을 정복한 한 시인의 발자취,
이 땅에 건설토목인 들에게 귀감이 될 발걸음을
시로 노래하다.

시인 김선태는 경남하동 태생으로 섬진강과 지리산을 벗 삼으며 어린 시절을 보냈다. 면사무소에서 공무원으로 근무하시던 아버지 덕분에 단란했던 어린 시절도 잠시, 불의의 사고로 아버지가 공직에서 물러나신 후로는 부산으로 삶의 거처를 옮겨 생활하였다. 주로 집안의 경제활동은 어머니의 몫으로 옮겨진 가운데 어린 김선태는 집안 경제에 조금이나마 도움이 되고자 어린 시절부터 공장에 나아가 어른들 틈바구니에서 구박을 받아가며 일을 해야 했다. 새벽에 일어나 신문 돌리기는 당연한 일상이었고 어려워진 가정 살림 때문에 학비마련은 나의 힘으로 해야 한다는 마음으로 어린 시절을 보내야 했다. 그런 시인에게 유일한 놀이는 부산 앞바다에 나아가 헤엄치며 바다와 부딪혀 보는 것이었다. 태종대에서 섬을 잇는 바다를 가로지르며 수영을 하고 때로는 바닷물에 휩싸여 구조를 당하기도 하면서도 당당히 바다와 맞서 수영을 하며 현실의 세파를 넘곤 했다. 중학교 시절 교회는 유일한 안식처가 되어주었다. 주보를 모아서 가져다주면 상을 주었고 적잖은 친구들이 모이던 교회였기에 청소년 시절 교회에 나아가길 즐겼다. 당시 섬기던 교회에선 어른들이 모여서 하는 기도회나 부흥회도 많았는데 어린 김선태는 빠지지 않고 참가하면서 열정적으로 기도하며 어린이답지 않은 모습의 유년기를 보냈다.

중학교, 고등학교 모두 학비지원을 받기 어려운 가정형편 탓에 스스로 장학생이 되거나 돈을 벌며 공부해야 한다는 목표로 공부를 열심히 했다. 결국 부산공고를 우수한 성적으로 졸업하고 당시 전국에서 50명 남짓 뽑는 부산시 공무원 시험에 응시해서 당당히 4등의 성적으로 합격하였다. 선생님께서는 이제 공무원 되면 생활고에서 벗어나고 안정된 경제생활을 할 수 있으니 잘 됐다며 공무원이 되기를 권하였지만 보다 큰 꿈을 키우겠다는 마음으로 대학 입시에 도전하였다. 그리고 당시 학력고사 점수와 가산점을 고려하면 서울대학에도 갈 수 있는 성적을 받을 수 있었다. 서울에 올라와 본 김선태는 학교에 다니는 것도 중요하지만 서울에서의 생활이 문제가 되었다. 갑자기 이역만리 같은 서울에서 거처도 없이 지낼 수는 없는 일이었다. 아쉬운 마음을 접고 부산대 토목과에 입학하여 장학생, ROTC로 4년간의 학업을 수학한다. 대한민국육군중위로 군복무를 하면서 중고등학교 시절 잠시 내려놓았던 예배생활을 다시 하게 된다. 이때 군목으로 찾아와 예배를 드려주시던 목사님의 설교가 로마서 강해였는데 로마서 강해 설교에 등장하는 말씀 중 "아직"이라는 단어가 가슴에 와서 박혔다. 아직 죄인인 나를 하나님께서 구원해 주신다는 바울의 고백이 바로 나의 고백과도 같이 여겨졌던 것이었다. 말씀에 감동한 김선태는 해당 교회를 찾아가 예배를 드리기 시작했다. 그리고 그곳에서 교회 총무이자 교사로 섬기고 있던 인생의 반려자 백복자 여사를 만난다. 그해 여름 성경학교에 교사로 함께 해 달라는 권유를 받고 흔쾌히 수락한 김선태는 평생의 반려자를 하나님을 향한 믿음의 배필로 맞게 되고 치열한 세상의 삶의 믿음의 가정을 꾸리게 된다.

제대 무렵 여러 건설사에 입사지원을 한 김선태는 당시 유수의 건설사들에 모두 합격을 하게 된다. 하지만 그 중 현대엔지니어링이 먼저 입사 연락이 왔고 그곳에서 첫 직장 생활을 시작한다. 현대건설의 당시 정주영 회장은 크리스챤으로서 신우회 활동을 용인해 주었기에 사내에서 신앙생활도 더욱 공고히 다져갈 수 있었다. 특히, 당시는 중동 특수의 영향으로 중동을 비롯한 해외 건설사업이 주된 사업방향이었다. 김선태는 이러한 글로벌한 인재가 요구되는 현실에 맞춰서 영어 학습과 영어 프리젠테이션 능력을 스스로 키웠으며 모든 프로젝트 진행을 선도적으로 글로벌 하게 진행함으로써 유능한 업무능력을 보여주었다. 현대엔지니어링에서 발전소 핵심구조물인 터빈발전기기초의 정적 동적 설계를 최신 구조해석 프로그램을 스터디하여 직접 수행한 결과, 한전 감독으로부터 한국석유공사의 특채 기회를 추천받았다. 당시, 7명 뽑는 계획에서 변경 두 명 뽑는 상황에서 합격하여 4년간 비축기지 공사감독으로 근무하였고 사장상인 모범사원상을 수상할 정도로 프로젝트를 주도적으로 관리하였고 준공할 즈음에 그 당시 해외프로젝트가 활황일 즈음 관료조직의 병폐에서 벗어나 삼성엔지니어링으로 전직을 단행하였다.

세월이 흘러 경력이 쌓인 중견의 건설인으로 성장한 김선태는 삼성엔지니어링에 근무하면서 사우디 아람코 샤이바 가스전 발전소 프로젝트에 현장PM으로 근무를 하게 된다. 2013년 이미 중동에는 대한민국의 경쟁력이 충분히 자리 잡고 있었다. 문제는 국내 기업 간의 출혈경쟁이었다. 중동의 클라이언트 들 사이에는 특이한 소문이 퍼졌는데 다름 아니라 한국 기업에게 일을 주면 '2+1'으로 두 개 프로젝트를 주면 한 개는 서비스로 받을 수 있다는 소문이 퍼질 정도였던 것이다. 이런 흐름 속에 맡게 된 프로젝트에도 문제점이 나타나기 시작했다. 사우디 지역의 발전소를 건립하는 프로젝트였는데 예가보다 너무 낮은 금액으로 낙찰을 받아서 사업을 그대로 진행하다가는 엄청난 손실을 회사가 감당해야 하는 상황이 예상되는 상태였다. 결국 이 상황을 그대로 묵과 할 수 없는 김선태는 본사에 이를 보고 하려고 하지만 실제 이 프로젝트를 낙찰 받는데 역할 한 임원들은 이를 말렸다. 수주성과의 실상을 밝히고 싶지 않았던 것이다. 회사는 엄청난 손해를 보더라도 그대로 자신의 안위를 지키겠다는 것이었다. 이러한 불의를 그대로 덮어 둘 수 없다고 판단한 그는 결국 이를 참지 못하고 본사에 본인이 맡은 프로젝트의 문제점을 보고 했다. 그리고는 총괄책임 직에서 물러나야 했다. 해당 프로젝트는 결과적으로 첫 수주 때는 네 개 프로젝트 중 최저가로 수주했지만 일찍 문제점을 OPEN해서 종료 시점에서는 손실을 최소로 낮출 수 있었던 것이었다. 김선태 시인은 현장에서는 떠나 있어야 했지만 수행한 부하직원들을 통해 그 소식을 접하곤 너무 기뻐 쾌재를 불렀다고 한다. 목숨을 걸고 청춘을 바친 회사가 지속성장 가능한 회사로 더욱 더 발전하는 회사가 되기를 기원하는 마음과 이번 일이 교훈이 되었으면 하는 바람이라고 그는 전했다. 바른 사람. 회사의 명운을 위해 자신의 안위를 뒤로하고 해야 할 말과 바른 말을 해야 하는 사람이 시인 김선태 였다.

> 윗사람에게 잘 보일 줄도 모르고
> 오직 일에 집중하고 정직 하게만 하는
> 네 성격으로는 아사리판인 기업에서 성공할 수가 없고
> 그냥 학교에서 학생을 가르치는 게 더 속 편했을 거라고
> 회사의 이익을 위해서 즉 손해를 덜 보기 위해서
> 상사가 싫어해도 정확히 보고하여 불이익이나 받고
> 너 같이 융통성 없는 사람은
> 맹수가 우글거리는 회사에는 맞지 않는다는 게 결론이라
>
> - 시 '나의 정체' 중에서

그의 이와 같은 이력은 업계에 소문으로 전해졌다. 그리고 제일 먼저 연락이 온 곳은 한화건설이었다. 이웃한 사우디의 다른 현장의 책임을 맡아 3년여 기간 일을 하였다. 그 현장에서는 마찬가지로 중요한 클레임이 발생했다. 많은 건설현장이 그렇지만 계약단계의 문제점을 타이밍을 놓치고 항변하지 않으면 그대로 책임과 손실을 감수해야 한다. PD로 있었던 김선태는 법률전문가도 아니었지만 이대로 공사가 진행되면 생길 문제를 빠르게 판단하고 이를 문제 삼았다. 결과적으로 클레임 및 설계변경으로 사우디 3개 프로젝트에서 3억불이라는 전무후무한 성과를 거두었다. 그렇지만 그에 대한 평가나 보상은 없었고 미련 없이 사표를 내고 사막과 회사에 대해 이별을 고해야했다. 시집 사막의 생존자에 등장하는 다수의 사막 시편들은 바로 이 당시에 삶을 통해 빚어져 나온 글이다. 사우디 아람코에서의 아끼던 직장과 현장을 포기해야 했을 때의 김선태의 마음은 억울할 수도 있었고 분했을 수도 있었으며 삶의 가장 밑바닥을 드러낸 회한의 시간이었을 수도 있었을 것이었다. 그런 현장에서 아무것도 보이지 않는 사막을 오고가면서 시인의 마음에 드러났을 것

들은 과연 무엇이었을까? 360도 사방을 둘러보아도 아무것도 보이지 않는 사막에서 오직 모래바람과 하늘 뜨거운 태양만을 마주한 가운데 마음을 짓누르는 처절함은 과연 한 인간에게 어떻게 작용하였을까? 김선태 시인은 이 시기에 사막을 통해 나는 모든 마음이 정화되는 과정을 체험했다고 말한다. 모든 것이 새롭게 정화되고 맑아지면서 다른 사람으로 바뀐 시기가 바로 이 때였다고 말한다. 그리고 그 마음은 그대로 시로 샘솟았던 것이다. 사막이 아름다운 이유는 그곳에 오아시스가 있기 때문이라는 어린왕자의 말처럼 시인 김선태에게 있어서 사막은 나를 죽이고 다시 태어난 그런 곳이었으며 그가 적어낸 한 편 한 편의 사막 시 씨리즈는 그러한 오아시스와 같은 표현이 아니었을까 되새기게 된다.

> 바다는 나에게 꿈을 선사하였고
> 사막은 희망을 일깨워 주었다.
> 참! 둘은 옛날에는 하나였지
> 바다가 변하여 사막이 되었고
> 바다는 미지의 세계로 나를 이끌었고
> 사막은 바다 끝에서 나를 일으켜 세웠다
> 바다를 건너 사막을 만나고
> 또 사막에서 바다로 향해 나아간다
>
> - 시 '바다와 사막' 중에서

시 바다와 사막에서 나타나듯 어린 시절부터 청년기까지 부산에서 수영을 하며 꿈을 키웠던 소년 김선태는 성인이 되면서 사막에서 희망과 새 삶을 일깨운다. 시인에게 바다와 사막은 원

초적인 자연이지만 가장 중요한 모티브이다.

> 산속에 갇혀 산지가 벌써 몇 년인가
> 산속에서 보호감호를 받은 지가
> 세상과의 단절은 온갖 악한 바이러스와의 단절
> 온몸과 마음 바쳐서 살아보려고 몸부림치다가
> 받은 상처와의 결별을 통해 삶의 무게를 내려놓았다
> 몸부림을 치던 그 삶 속에서 쌓여진 상처는
> 썩어 문드러져 몸과 마음에 생채기를 내고
>
> - 시 '산속에서' 중에서

1부는 "자연 속으로"를 주제로 한다. 현대인 중년 남성들에게 자연은 돌아가고 싶은 곳이다. 가장 치열했던 삶을 살았고 개척자와 같은 삶을 살았던 삶을 뒤로하고 다시 자연으로 돌아가고 싶은 것이다. 하지만 시인 김선태에게 자연은 남다르다. 어린 시절부터 치열하게 동반자가 되어 주었던 바다. 그리고 가장 절정의 시절에 어루만져 주었던 사막. 어찌 보면 일반인들에게는 다가오기 어려운 특별한 경험을 시인은 바다와 사막을 통해 밀접하게 하였다. 그리고 그 거대한 자연으로부터 체험한 삶의 체득은 가장 평안한 자연으로 회귀하고 있는 것이다. 실제로 시인은 강원도 인제 자작나무 숲속에 별장 하우스를 마련해서 삶의 한 자락을 보내고 있다. 자연으로 돌아가자는 외침은 그와 같은 가장 치열했던 시인의 삶이 빚어낸 몸짓과 같은 언어이다.

2부 "사막의 생존자"는 사막에서의 삶을 다룬다. 시인에게 사막은 샘물이자 정화의 장소였으며 동시에 치열한 장소였다. 수 천 명의 사람들이 하나의 목적을 가지고 모인 장소가 사막의 공사현장이다. 아침 6시 기상 현장에서는 유일한 생명의 시간이 바로 아침체조이다. 너무 더워서 그리고 적당한 상황이 못 되어서 그곳에서는 운동을 할 시간도 겨를도 없다. 오직 아침 국민체조를 하는 시간이 유일한 운동시간이다. 현장의 사람들 중 많은 이들이 인도나 파키스탄과 같은 인근에서 온 인부들이 많다. 그들의 소망은 무엇일까? 고국에서 받는 월급보다 10배나 많은 월급을 받지만 그들의 동일한 소원은 건강하게 살아서 돌아가자이다. 삶은 이렇듯 원초적으로 바뀐다. 물질문명이 만들어 낸 온갖 가치들이 난무하는 현대생활을 뒤로하고 오직 사막과 더위 속에서 모래처럼 메마른 현장에서의 소중한 가치는 생명과 원초적 본능이다. 그런 이유로 시인의 눈에는 사막에 핀 나무들이 들어온다. 수 십 킬로 씩 떨어져 있는 현장이 송전탑으로 연결되어 있다. 그곳에 없는 길을 개척해서 도로와 길을 만들어 내고 차량과 도보로 현장을 순찰하고 점검하는 일상 속에서 시인이 만나는 유일한 생명이 있다면 그것은 이름 모를 사막의 풀과 전갈과 모래바람이다. 이때 시인은 사막의 생명을 본다. 사막을 파고 들어가면 나오는 물은 기름이 아니면 바닷물이라고 하는데 이 생명의 나무는 얼마나 깊은 곳을 파고 들어가서야 이렇게나마 생명을 유지하고 있을까? 우리는 겉으로 드러난 아름다움을 논할 때에 가장 깊은 곳에 존재하는 생명의 손길에 닿아야만 소생하는 그런 생명력의 의미를 읽어낸다.

> 짐은 들고 있는 게 힘들까요?
> 내려놓는 게 더 힘들까요?
>
> 임은 만나는 게 힘들까요?

헤어지는 게 더 힘들까요?

돈은 버는 게 힘들까요?
쓰는 게 더 힘들까요?

욕심은 내는 게 힘들까요?
버리는 게 더 힘들까요?

너에게 받는 게 힘들까요?
주는 게 더 힘들까요?

가진 것은 이미 맛 본 것
버려도 되는 대상이라는 것

미련하여 실천 못 하는 것
왜 지나고 나서야 알까요?

의미 없는 욕심과의 전쟁
이제는 끝내야 할 때이다

- 시 '힘들까요?' 전문

3부 가족은 나의 소망과 힘을 통해서 시인의 가족애가 그려진다. 어린 시절 아버지의 실직으로부터의 부침이 있었던 삶. 특히 어린 시절 몸이 아팠던 여동생의 실종사건과 가계를 위하여 허드렛일을 마다 않고 힘들게 집안 살림을 꾸려 나갔던 어머니, 그리고 어린 시절부터 생계를 위해 경제활동의 일선에서 삶을 만들어 나가야 했던 시인에게 가족의 의미는 남다르다. 시인은 가족은 나의 소망에서는 삶의 의미를 던져준 신앙생활과 그 반려자가 된 부인, 아버지, 어머니 그리고 세곡동에서의 삶 등 가족과의 애환과 기쁨이 그대로 시어로 그려진다. 특히, 평생을 가족을 위해 헌신적으로 살아오신 어머님의 임종을 바라보며 느끼는 삶의 진한 향기는 그의 생명의 근원에 대한 집착과 희생이란 곧 가족이라는 열매적 가치를 이루는 근원이 됐음을 형상화 해주고 있다.

군산 섬마을에서 태어나 어려서 부모를 여의고
할머니 손에서 그래도 곱게 자라나
해군으로 온 아버지를 따라 멀리 하동으로 시집와서
모진 시집살이와 참전용사들의 그 후유증을 다 받아 내시고
아이들이 불쌍해서 떠나지도 못하고
다시 돌아와 도시인 부산으로 이주하여
가장 어렵다는 부전 시장의 생물 채소 장사로
난장에 앉아서 그 고생을 다 참고하셨다
방과 후 시장에 가면 홀로 애처롭게 앉아서
손님들의 온갖 흥정을 다 받아 내시고
남은 생물들을 처리 못 하면 또 가슴 졸이고
어려운 시절 잃어버린 아픈 여동생을
찾을 수 없었던 안타까운 심정을 가슴에 묻고
겨우겨우 학비를 맞추어 내면 함께 한숨 거두고
좋은 대학을 졸업시켜 자랑스럽게 키우셨다

- 시 '어머니의 일대기' 중에서

4부 살며 생각하며 다시 일어나자에서 시인은 인생을 다시

회고하고 정리한다. 이제 어느덧 육십갑자를 돌아 처음으로 돌아온 시인. 지난 세월 나의 선택이 아닌 환경 속에서 현실을 부정하듯 가치 있는 삶을 추구하며 살아온 삶은 바다를 건너듯 밀려오는 파도를 이겨내듯 나아가고 나아가는 삶이었다. 그렇게 달려온 삶의 막바지에 다다른 사막의 체험을 통해 시인은 참된 삶의 가치가 어디에 있는지 그 원점을 되찾을 수 있었다고 한다면 이제 그 치열했던 현장과 세상으로부터 돌아와 서 있다. 사랑하는 두 딸과 아들 그리고 손녀와 사위 며느리를 바라보며 시인은 말한다.

짊어지고 올라간 짐 내려놓고
옭아 매인 멍에도 풀어놓고
산을 넘는 바람에 세례를 받아
짐도 멍에도 씻겨 나가고 나니
비로소 밤하늘의 별을 볼 수 있었다

- 시 '안반데기' 중에서

모든 짐을 내려놓고 하늘을 올라 보았을 때 그제서야 비로소 밤하늘을 볼 수 있었다. 시인은 60년 한 인생을 돌아 다다랐을 때 그곳에 무엇이 있었을까? 몸은 쇠잔해 지고 세월은 흘렀을 때 시인이 돌아본 인생의 모습은 과연 어땠을까? 시인은 사람들에게 노래하고 있었다. 살아간다는 것 그렇게 치열하게 살아 왔다는 것 그 뒤안길에는 또 다른 시작이 있고 원래 그곳에 있었던 하늘이 있었음을 이야기 한다.

이제는 오른 산을 내려갈 때
오르면서 힘들었던 것들을 돌아보고
그것들이 있었기에
오늘의 내가 있다는 것에 또 감사하며
내 본향 그곳으로 향해
가벼운 걸음으로 나아가자

- 시 '이순천명' 중에서

인생의 삶이 산을 오르는 것과 같다면 이제 그 힘들었던 것들 다 내려놓고 본향으로 돌아갈 때 우리가 할 수 있는 것은 감사 밖에 없다는 고백. 시인에게 있어서 삶은 온갖 고난과 힘겨움의 연속이었지만 그리고 숙명처럼 그 고난을 견뎌내고 헤쳐 나가야 했지만 그 고난이 지나고 찾아온 평온에서 우리가 할 수 있는 누림은 오직 하나 감사임을 고백하고 있다.

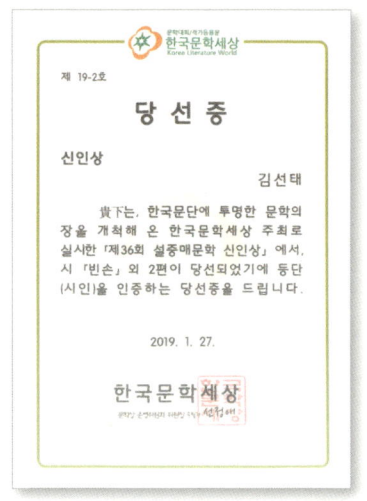

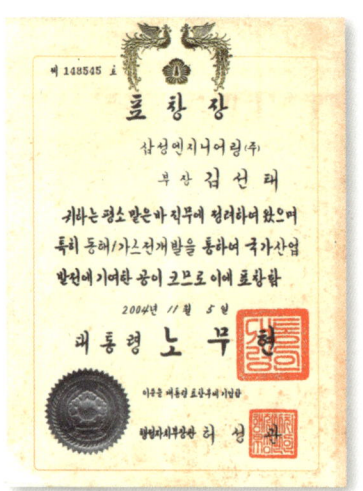

김선태 시인은 정직과 곧음으로 닥쳐오는 폭풍과 사막의 모래바람을 견뎌낸 시인이다. 시는 몸으로 쓰는 것이라고 일찍이 고 김수영 시인이 말했는데 김선태 시인의 시는 그 자체가 충실한 자기 삶의 고백으로 연결된다. 그는 행함이 곧 시가 되는 시인이었다. 세상 일중 가장 거칠기도 하고 가장 규모가 크기도 한 건설과 토목현장은 한 치의 오차도 허락하지 않는 가장 정확한 총명함으로 일을 해야 하는 현장이다. 이러한 치열한 현장에서 다수의 현장과 고비를 넘긴 결과 2004년에는 대통령 상을 수상할 정도로 현장에서 보여준 성실과 재능은 타의 모범이기에 충분했다. 정직과 성실 그리고 현장의 열정이 빚어낸 시어들이 바로 사막의 생존자의 모습이다. 작가는 인터뷰에서 말한다. 건설현장과 같은 큰 규모의 경제와 치열함이 오고가는 현장일수록 우린 시를 사랑해야 하는지도 모른다고 시가 사라진 세상은 상상할 수가 없으며 시가 사라졌음은 곧 세상이 그만큼 각박해 졌음을 반증하는 것이라고... 김선태 시인의 사막의 생존자는 지난 60년 인생살이 동안 세상을 파도 삼아 항해해 온 우리시대의 남자 그리고 아버지의 삶이자 여정으로 오래 오래 우리에게 기억되고 불려질 것이다.

2020. 7. 상상

2013년 2월에 삼성엔지니어링 샤이바현장 신우회에서 말씀 전하는 모습. 신우회 마지막 예배 때 말씀을 시작부터 끝날 때까지 눈물을 쏟으며 모세의 광야생활을 주제로 전했던 기억이 납니다.
은혜의 샘물이 터져 나와서 주체를 하지 못한 귀한 순간이었습니다. 욥기의 교훈처럼 고난에도 과거적이 아니라 미래적 의미가 있음을, 아픈 만큼 성숙해졌던 귀한 사막생활이여 안녕!
삼성엔지니어링 신우회는 현대엔지니어링과 현대크리스챤모임에서 열심히 활동했던 김선태 시인이 1995년 입사 후 1년 만에 회원들을 모아 창립(1996년 3월21일)을 했음 현재도 활동 중.

사막의 생존자

발행일 2020년 7월 30일
지은이 김선태
사진 김선태
펴낸이 김바울
펴낸곳 상상
주소 서울시 성동구 아차산로 107 베컴빌딩 201호
전화 02-6052-0111-2
팩스 02-6052-0113

ISBN 979-11-88978-11-3
ⓒ 김선태, 2020

본 책자의 무단 복제 및 전제를 금합니다.